東海 こだわりの蕎麦処《そばどころ》

大川博徳 著
Hironori Ohkawa

風媒社

まえがき

停年退職後10年間、毎年のように海外旅行へ出かけ、アルゼンチンのブエノス・アイレスへは二度も行き、タンゴ音楽に現《うつつ》をぬかすなど気ままな生活を送っていたところ、50年来のつき合いの風媒社の稲垣喜代志さんから東海地区のそば屋の本を書かないかとの声が掛かった。

昔から名古屋は、大きな音楽会が東京から大阪へ素通りされて悔しい思いをしてきた。ご他聞にもれず、そば店の雑誌特集なども東京・信州・京都・大阪は取り上げられても、なぜか名古屋は素通りされることが多かった。確かに、名古屋を中心にした東海地方のそば店の本はなかったと思う。

そこで、2009年から1年半かけて集中して東海3県下のそば店をたべ歩き、そば粉を挽《ひ》く、そばを打つ、そばを茹《ゆ》でることにこだわるそば処を探した。訪ねたそば店は延べ127店、それまでに足を運んだ店を加えると150店を超えた。東海地区はどちらかといえば「うどん文化圏」、そば専門店は数少ないといってよい。

その中で、まず、そばの専門店であること。しかし土地柄から同時にうどん・きしめん等を扱う店も大目にみる。さらに、原則10年程度続いていること。そして、店主の健康状態や後継者の有無から、これから10年は続けられる見込みがあることを条件に30店を選び、取材させていただいた。とくに、店主の経歴を通じてそばへのこだわりに迫ったつもりである。また、諸般の事情から執筆できなかった15店については、そばファンにデータを提供することにした。お店へのアクセスは車のみならず、鉄道・電車・バス等の公共交通も現地調査し、読者が迷わず来店できるようにできるだけ詳しく案内したつもりである。

取材を通じて多くのことを学ばせていただいた。そば店の主《あるじ》は、そばはもちろんだが、天ぷらにも並々ならぬこだわりがある。彼らはそばには天ぷらを添えて食べてもらいたいと思っているに違いない。そばは天ぷらを付けると栄養的にもバランスが良く、腹もちも良い。

私事で恐縮だが、目下体重コントロールを強いられているわが身では、天ぷらには全く手が出せなかった。天ぷらを食べると体重が増えて元に戻すのに2日程かかるので、できるだけ食べないようにし、もっぱら「ざる」か「もり」に決めていた。取材が終わったので、これからは、大いに「天ぷらそば」を賞味したい。

永く大学で著書・論文を書いた習性で、取材が完全でないと筆が進まないので、週に一本がやっとの遅筆であった。

最後に、数々の助言と励ましを頂いた風媒社の稲垣喜代志さん及びコンピュータでもお世話になった同社の劉永昇さんに感謝します。あわせて、快く取材に応じて下さったそば店主各位に深謝いたします。

本書が読者の皆さんのそば好きに貢献し、そばがもっともっと食べられるよう、そばの再評価と普及に少しでも役立てれば著者として最高のよろこびです。

大川　博徳

名古屋の蕎麦処

愛知の蕎麦処

岐阜の蕎麦処

三重の蕎麦処

■コラム

本書に出てくる　そばの用語の説明

甘皮　玄そばの殻（果皮という）の下にある種皮をいう。甘皮を挽き込むとそば粉が淡く緑色に着色し、香りや味が良くなるほか、粘着力があるので、そばがつながり易くなる。しかし、甘皮はせんい質が多いのでそば粉に入りすぎると、のど越し（食感）が悪くなる。

甘汁　かけ汁ともいう。かけそばのつゆ。

辛汁　もり汁ともいう。もり、ざるのつけ汁。

粗挽き　明確な定義はないが、およそ40メッシュより粗い粉をいう。例えば16メッシュでは砂のようにサラサラしていて、そばが打ちづらいが香りと旨みがある。

細挽き　およそ60メッシュより細かい粉をいう。きめ細かい粉で、そばが打ちやすく、のど越しが良い。

石抜き　玄そばに混じる小石を取り除く作業。

玄そば　そばの実。

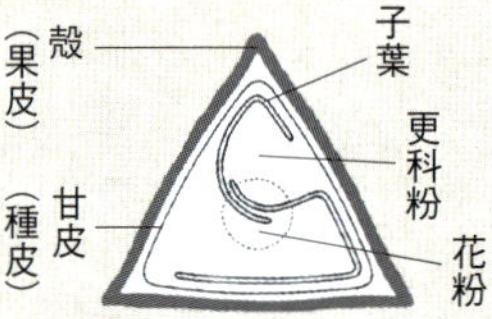

玄そば

更科粉　丸抜きを軽く製粉し、二つから三つに大きく割れたものを分けて、さらに製粉した一番粉で高純度のでんぷん粉で、色が白く甘皮や殻の微粉が入らず、香りのない粉だが、のど越しが良い。更科そばや変わりそば（茶そば、ゆずきりなど）に使う。御膳粉ともいう。

そばがき　そば粉を熱湯でねったもので、つゆをつけて食べる。

たまり　愛知・岐阜・三重で製造され消費されるしょう油の一種。大豆を蒸し、麹《こうじ》菌と混ぜ麹を作り、塩水を加え発酵熟成させたもの。

つなぎ　そば粉１００％（十割）でそばを打つためには、挽きたてのそば粉と打ち手の技術と経験が求められる。営業の場合はさらに生そばの保存などに神経を使う。

そばのつなぎとしては一般的に小麦粉が使われ、小麦粉のたんぱく質グルテンでそばのつながりが良くなる。加える小麦粉の量によって、1割なら一九《いちく》（または九一《くいち》）、2割は二《に》八《はち》、3割は七三《ななさん》、4割は四六《しぶろく》、5割は同割《どうわり》とよぶ。そば粉10に対し小麦粉1を加える場合は外《そと》一、2は外二という。

二八は江戸っ子好みとされ、小麦粉によるのど越しの良さが特徴。二八辺りが無理のないそばだという意見が多い。機械打ちのそばは七三から四六が多く、場合によっては同割のものもある。

花　粉　玄そばを挽いたときに粉になる実の中心部の粉。

(打ち粉)　そばを延ばすときに生地同士が、また切るときにそばがくっつかないようにまぶす粉（打ち粉）。安い中国産の玄そばから作ったものが多い。

挽きぐるみ　石臼による製粉で、玄そばを殻ごと粉にすること。完全に殻を除けないので粉が黒っぽくなる。全粒粉ともいう。

挽き抜き　玄そばの殻を除く作業。

挽き割り　玄そばをできるだけ大きく割り、ふるいで殻を除いたもの。

細打ち　さらしなそばに代表されるそばでのど越しが良いのが特徴。最近は細打ちが多い。細めんにすると、すぐ茹だり、ガス代の節約になる。

中太打ち　細くなく太くない中間のそばをいう。並そばといわれる。戸隠辺りのそばはこの中太が多かった。

太打ち　いわゆる田舎そばに多い。

本返し　みりんに砂糖を加え加熱し、みりんのアルコール分をとばし、砂糖が溶けたらしょう油を加え、80度位まで加熱し一昼夜置いて冷やしたもの。しょう油の持つクセと臭い（カドという）をとる操作。生返しはしょう油を加熱しない。

本枯れ節　大き目のかつおを三枚におろし、身（背節）と腹（腹節）に分け、煮て燻《いぶ》し乾燥させたもの（荒節という）に、黴《かび》付けと天日干しを4回繰り返すと水分が完全に除かれ、旨み成分が増え、良い香りの極上のかつお節になる。

丸抜き　玄そばの殻を剥いたもの。そば米ともいう。

磨き　玄そばの表面のほこりをとり、殻の角を削る作業。

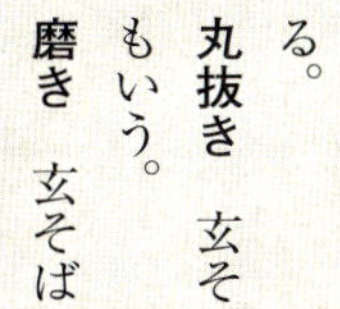

丸抜き（そば米）

水回し　手で攪拌しそば粉にまんべんなく水をゆきわたらせる作業。できるだけ早くかつ入念に攪拌することが旨いそばの味の決め手になる。

メッシュ　粉の細かさを表す用語。数字が大きい程粒が細かい。

湯ごね　そばを打つとき、そば粉に熱湯を加え練る方法。熱湯でそば粉のでんぷんを糊化しその粘りを利用しそばをつなぐ。更科粉で打つそばには欠かせない方法。

水ごね　小麦粉のたんぱく質（グルテン）の強い粘性を利用してそばを打つ方法。そば粉には熱湯を加えて水回ししても、小麦粉には常温の水を加えることが肝要である。

そば畑　岐阜県坂祝町

名古屋の蕎麦処

木曾の玄そばにこだわった十割そば

一心《いっしん》

●名古屋市港区

「一心」の「江戸十割ざる」を口に含んで、これは戸隠《とがくし》（長野県のそば処）風だと思った。

　玄そば（そばの実）の殻を除いた、いわゆる「丸抜き」（そば米ともいう）を粉にした白っぽいそばで、めんの太さは中太《ちゅうぶと》よりやや細め、のど越しがよく腰がある。一方、「木曾十割ざる」は、玄そばの殻《から》を少々挽《ひ》きこんだ黒っぽいそばで、細打ちである。

　ともに長野県木曽町産の玄そばの「粗挽《あらび》き」というだけあって、味も香りも申し分ない。そばの量は生そばで180gと十分である。後者の方が店での人気が高い。「田舎ざる」は、北海道幌加《ほろか》内《ない》町産の玄そばの粗挽き粉に2割の小麦粉を加えて打った二八《にはち》そばで、なめらかな食感があって食べやすい。こちらは、ざる二段で同じく200gと十分すぎる量である。つゆは、ご当地風でやや甘口で濃い。

　店の主《あるじ》、勢柄《せがら》政治氏（52歳）は、昭和52年、18歳で名古屋市のとなり、春日井市のうどん・そば店に修業に入った。1年程して、信州産のそば粉で打ったそばを味わってびっくりした。なんと旨《うま》かったことか。感激した。もともとそばは好きだった。うどん屋よりそば屋をやりたいと思っていたので、これを機会にそばへの興味が一挙に深まっていった。

　9年間めん職人として経験をつみ、昭和61年、26歳で名古屋市港区に、うどんとそばの店「一心」を開店し、独立した。

人生を決めた石臼

　平成に入って、製粉会社からのそば粉が一段とまずくなり、昔の感激は得られなくなった。なんとか旨いそばを作ろうと、玄そばの手挽きを試み

木曾十割ざる

data

名古屋市港区須成町3-9-1
TEL.052-661-0997
月曜休（祝日の場合は翌日）
営業時間：11時～ 14時、17時30分～ 20時（そばがなくなり次第閉店）
メニュー：木曾十割ざる 900円、江戸十割ざる 900円、田舎ざる 900円　他
席数：26
駐車場：店の北に3台と西裏に8台

そばを打つ店主の勢柄政治さん

たがうまくいかなかった。平成7年、勢柄氏は、名古屋市の吹上ホールで開かれた、外食産業フェアで自身の人生を決めた「電動石臼製粉機」に出会った。即座に、有り金をはたいて、金35万円のこの石臼を購入した。これで玄そばを挽き、そばを打ったところ、思ったとおりの旨いそばが仕上がった。そして、一気にそば挽きにのめり込んだのは言うまでもなかった。

平成9年、同じ町内の現在地にそばを中心にした店「一心」をオープンした。

玄そばにこだわり自家製粉を完成

旨いそばにこだわる勢柄氏は当然玄そばにこだわった。試行錯誤のすえ、現在、長野県木曾町大《お》原《ばら》地区と黒川地区で収穫される玄そばと北海道幌加内町産の玄そばを購入している。これらの玄そばは入荷しだい、店で「石抜き」（玄そばに混じる小石を取り除く作業）と「磨き」（玄そばの表面のほこりをとり、殻の角を削る作業）の処理をして、真空パックし5℃で冷蔵保存する。

「一心」では、最新型のそば製粉機を一式導入した。原則毎日、お店とかけもちで朝8時から午後4時頃までかけて、翌日分のそばを挽く。そば粉だけで打つ十割そばは、玄そばから何割の粉をとるか（歩留《ぶどま》りという）によって味が決まるので、細かい調整が必要になってくる。ああではないか、こうではないかと、長年にわたってこだわって、研究した成果が今日のメニューに反映されている。

そばはすべて手打ち、勢柄氏と若い二人の弟子が交代で打つ。

客から一言

「うまくて、盛りがよくて、値打ちなおそば屋さんです」

■アクセス■

［車］県道59号（東海通）を西へ、東海橋西の次の交差点を北へ、次の信号の手前。

［地下鉄・市バス］名港線「東海通」（3番出口）下車。西行き市バス幹神宮1・東海12・高畑18に乗り、「東海橋」下車。西へ、次の交差点を北へ、次の信号の手前。

蕎麦好きが高じて…粉屋さんから転身

和《かず》貴《き》庵《あん》

●名古屋市昭和区

そば粉屋直営のそば処

そば処「和貴庵」は平成6年の開店。名古屋の久野蕎麦製粉所の二代目当主が大のそば好きで、

趣味が高じて開いたお店である。本業の製粉の方は子息に任せて、そば店に毎日詰めていたとのこと。

この蕎麦製粉会社は大正14年創業、85年続く老舗で、そば粉の種類が豊富であると評価が高い。北海道はもちろん、関東・東北地方や福井から玄そばを買い付け、1月から3月までに入荷した分を普通倉庫で一括保管した後、気温が上がる5月になると低温倉庫に移して保存するという。

全国の大手の製粉会社ではロール式製粉が主流のなかで、久野製粉ではそばの香りと風味を損なわないように、ほとんどを石臼挽きにしている。「和貴庵」のそばは全て石臼挽きである。

さて、平成17年に「和貴庵」の当主が病で倒れ、急きょ三代目・久野善基氏がそば店を兼務することになった。

翌18年に、日本料理人とそば打ち師の二人をスカウトし、つゆやメニューを思い切って変えるなどしてそば専門店としての面目を一新した。

そばを打つのは菅澤正吉氏（58歳）。関東の出身、そばの本場松本市で食べたざるそばの味に感

十割ざるそば

data

名古屋市昭和区八事富士見201
TEL.052-835-5819
休日：無休（年末年始休みあり）
営業時間：11時～15時、17時～20時30分
メニュー：（冷たいおそば）十割ざるそば1500円 ざる1000円、天ざる1700円、田舎ざるそば1500円。（温かいおそば）天ぷらそば 1600円、鴨南蛮 1600円、雪割りにしんそば 1400円。他
期間限定　そば会席4000円（平日夜のみ、要予約）
席数：40
駐車場：8台（店の前）、8台（店の南）

銘を受け、そば職人になろうと決めたという。彼は20代で名古屋へ出てきて、春日井市のそば店で7年間ほど手打ちそばの修業をし、大型めん店でそばやうどんの手打ちを経験した後名古屋市内でそば店を13年間経営した実績の持ち主である。

厳選された北海道産の石臼挽きのそば粉と腕っ扱《こ》きのそば職人が揃えばまさに鬼に金棒、旨いそばができないはずがない。そばは全て手打ちである。

石臼挽きの十割そばがおすすめ

一日限定10食の十割そばは、毎朝菅澤氏が20分から30分かけて打つ。毎年5月頃までは手打ちに問題はないが、夏になるとつながりが悪くなるので水の代わりに湯を使うなど、ちょっとした工夫がいると言う。そばは細打ちよりやや太め、一人前生で１８０ｇと盛り沢山である。さすがにそば粉屋さんのお店だけのことはある。

十割以外のそばは全て二八、修業中のそば職人が打つ。これが「ざる」や「田舎ざる」になる。十割そばとは違った食感が味わえる。いずれも生で１８０ｇと量は変わらない。

つゆは辛口である。しょう油、みりん、白ザラメ（砂糖）から作る本返しを室温で1カ月程熟成する。だしは、辛汁（ざるのつゆ）用に本枯れ節の厚削りと昆布から、かけ用にうるめ、さば、宗田かつおと昆布から取る。辛汁は合わせてから一日冷蔵庫で保存してから使う。三代目のお勧めは「十割ざるそば」。挽きたて、打ちたて、茹《ゆ》でたてが旨いそばの条件だと言う。

そば湯は少々そば粉を加えているが、濃すぎず旨い。

客から一言

「値段は少し高めだが、お店の雰囲気は最高」

■アクセス■

［車］市内、八事日赤病院北を東へ。高峯町を越え南側。

［市バス］栄バスターミナル19のりばで栄18、金山7のりばで金山12または八事北7のりばで八事11の各妙見町行に乗り、終点から東へ徒歩約5分。

［地下鉄］名城線「八事日赤」（2番出口）下車。東方へ徒歩約15分。

そば通を唸らせる、手挽き十割そば

江月《こうげつ》

●名古屋市名東区

土・日・祝日限定の「しなの」は、当日玄そばを石臼を使い手挽きで「挽きぐるみ」にするので、やや黒目だがもっちり感もあり旨い。粗挽きなので手打ちに苦労があるが、そばそのものの風味があるという。ただし15食限定なので早めに出かけることをお勧めする。

この店のそばは全て自家製粉・手打ち、しかもつなぎを加えない十割である。それについて当主は、「つなぎを使わなくても、そばは打てる。良いそば粉でも二八で打つと小麦粉の香りが出る。小麦粉を加えてのど越しを良くすることもない。そばは産地が変われば、味も変わることを知ってもらいたい」と言う。

紹介が遅れたが、志喬庵《しきょうあん》「江月《こうげつ》」の当主江口博民氏（55歳）は最初に勤めた銀行を辞めて、ご夫婦で喫茶店を13年続けてきた。

男兄弟だけの長男で、小学生の頃から母親の料理を手伝っていたので、料理は好きであった。

そば打ちの体験が転機に

昭和55年頃、奥さんの実家が長野県の上松《あげまつ》町で、里帰りした折によく地元のそばを味わった。本場木曽のそばは名古屋のそばと違って旨かった。しばらくして、木曽町の開田高原でそば打ちを体験した。そば粉がそばになる過程に物作りの原点を見て、ある種の「ひらめき」を感じた。そば打ちをもっとやってみたいとの思いが募った。そば粉を手に入れて時々打ってはみたが満足できなかった。

喫茶店も確たる展望がなく行き詰まりを感じていたときに、母親からカルチャーセンターのそば

十割せいろ

data

名古屋市名東区引山3-110
TEL.052-771-6482
休日：火（祝日の場合は翌日）、月曜夜
営業時間：昼11：00-14：30、夜平日17：30-20：30、土日祝日17：00-20：30（売り切れ次第閉店）
メニュー：十割せいろ850円、追加一枚（薬味なし）700円、追加小盛（薬味なし）500円、天せいろ天然車えび1850円、盛り合わせ1650円、そばがき900円、蕎麦膳2100円　他
席数：30
駐車場：6台（店の東2軒目の駐車場）

打ち教室を勧められた。早速出かけて、初日に講師にそば屋を開きたい旨をつたえたところ、「自家製粉までやる気があれば、本式のそば打ちを教えましょう」と言われ、個人指導を受けることになった。そして、講師のところへ毎日6カ月間通い手打ちを習得した。

そば屋らしくないそば屋を造る

平成10年、半年かけて喫茶店を全面改装し、同年10月そば店「江月」を開店した。いわゆる民芸調を排し、レストラン風で和風も取り入れた店を目指した。店内を暗くし落ち着いた雰囲気でゆっくりそばを食べてもらいたいとの思いは、東京・杉並の某蕎麦店の影響を受けたという。

玄そばはもちろん国産のみ。茨城県のそば農家と福島県の製粉会社から毎週送られてくる玄そばを、冷蔵庫で保存する。

手挽き以外のそば粉は毎日店が終わってから夜１時間半かけて、玄そばを脱皮した丸抜きを電動石臼製粉機で粗挽きにする。手打ちは朝6時から。「せいろ」は細打ち、「しなの」は少し太め、ともに一人前生で１２５ｇである。

つゆは辛口。たまり、みりん、白ざらめの返しを熟成せずに、本枯れ節等でとった出しと合わせる。そば湯は甘皮抜きの細挽き粉を別に作り加えるので、白くとろりとした旨い味である。当主のおすすめは「そばがき」。

客から一言

「店主のこだわりが伝わる十割そばです」

■アクセス■

［車］市内、県道２１５号（出来町通）を東へ、引山を越え、国道３６３号に入りすぐ北側。

［市バス］名古屋駅または栄オアシス21「乗り場３」より「基幹２」に乗車、引山下車。東へ国道３０２号を越えてすぐ。

歴史の町並み・四間道の古民家で味わう

三《さん》平《ぺい》

●名古屋市西区

四間道の町並み

名古屋駅にほど近い、桜通りと円頓寺《えんどうじ》商店街に囲まれた堀川沿いの西の一画（現西区那古野町1丁目）は、「四間道《しけみち》の町並み」と呼ばれ、第二次世界大戦の戦火を免れ、城下町の面影が残る地域で「町並み保存地区」に指定されている。堀川に沿って南北に走る四間道は元禄13年（1700年）の大火の後、防火対策として道幅を当時としては画期的な広さの四間（約7m）に拡張したのでこの名が付けられたという。この道の東側の石垣の上に土蔵が、西側に町家が並ぶ町並みは今から270年前（1740年）に造られた。

古民家でそば・和食を味わう

四間道からほんの少し西へ入ったところに在るそば和食の店「三平」の女将、宮治多津子さんはこの町並みで生まれ育った生っ粋の土地っ子である。彼女は宮治家の5人兄弟の末子として生まれた。この地で料理旅館を創業した父が幼少時に他界し母がその跡を継いだ。その後、年の離れた長兄が東京の大学を卒業、帰省して家業に就き、母を助けた。父亡き後、母や兄の背中を見て育った彼女が、名古屋の短大を出て家業を手伝うのは、当然のなりゆきであった。

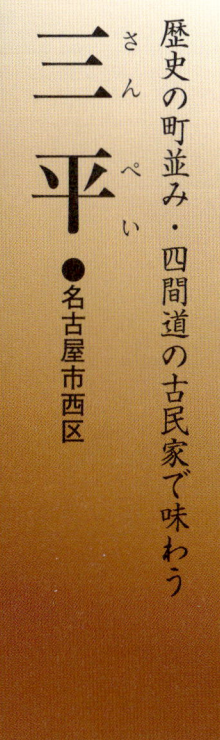

趣味で始めたそば打ちが本業に

平成8年頃、名古屋市内のカルチャーセンターのそば打ち教室に3年程通い、手打ちを習得した。そば粉や道具は本を見て直接電話して調達した。時々自宅でそばを打ち家族に食べてもらっ

せいろ蕎麦

data

名古屋市西区那古野1-29-13
TEL.052-485-6611
休日：日・祝
営業時間：11時30分～14時、18時～22時
メニュー：せいろ蕎麦 800円（大盛り500円増し）、とろろつゆ 1100円、日替りランチセット 850円、おろし蕎麦850円、かけ 800円、おばんざいセット950円　他
席数：15
駐車場：なし（近くに有料駐車場）

た。その後、義姉が四間道に開いた和食の店で手打ちのそばを振る舞ったところお客さんの間で評判になり、店の空いている昼の土・日限定のそば処「右近」を開店することになった。しかし、店の都合で1年半程で閉店した。いい物件を探していたところ、幸いに筋向かいの築100年を超す古民家の店舗に巡り会い一目惚れ、3カ月かけて内・外装に手を加え、おしゃれな空間に仕上げ、平成21年4月に「三平」を開いた。店名は、父縁《ゆかり》の料理旅館の名称である。

　そば粉は長野や北海道の産地から細挽き粉を取り寄せ冷凍庫で保存する。そば打ちは、毎朝女将がその日の分を二八で仕上げる。細めんだが腰はしっかり、のど越しがいい。それにつゆの香りが抜群。少々辛口。本返しのしょう油にはこだわり、長野のしょう油醸造元から直接取り寄せている。だしはかつお節の厚削りの一番だしを取り料理にも使う。

　女将は、「そばだけではもの足りないので和食で補う」とおばんざいセットを用意した。せいろ蕎麦またはかけ蕎麦におばんざい2品、漬物、ご飯という内容である。食後200円でコーヒーが飲める。「ホットですかアイスにしますか」と聞かれハテナと思った。この店のコーヒーは「水出し」で、前の日に8時間かけて淹《い》れる。だから元々冷たいのである。

　これが美味。もちろんコーヒーだけでもOK。昼時は四間道を訪れた人も加わって盛況である。

客から一言

「小庭を眺めながら心癒されるひとときを」

■アクセス■

［車］桜通り桜橋東を北へ最初の交差点を西へ、中橋を越え2本目を北へ1本目を西へ。

［地下鉄］桜通線「国際センター」駅（2番出口）より徒歩5分。

大須で本格信州そばを

丁字屋《ちょうじや》

●名古屋市中区

名古屋で大須といえば今や若者や外国人だけでなく、年寄りも集まる商店街で、元気な名古屋を象徴する庶民的な繁華街である。その大須のど真ん中に在る万松寺の敷地に手打ちそば店「丁字屋」が開店したのが昭和28年12月のことであった。

全くの素人がそば店を開く

この店の主《あるじ》・佐合重夫氏は市内熱田区の生まれ、地元の大学の英米学科を卒業した昭和28年の暮れに、そばには全くの素人でそば店を経営することになった。

めん打ちの経験がない店主は珍しい。が、これには伏線があった。彼の祖父は愛知県の知多半島の出身。戦前は繊維を扱い陸・海軍の御用商人として戦艦大和の船員の軍服を納めていた。たまたま岐阜県の白骨温泉で旨いそばに出会い、そこで知り合った長野の松本の人に「もしそば屋をやるなら松本にそば打ちの名人がいるから紹介しますよ」と言われた。

主は元々そばが好きで、学生のときには主に中央線の沿線に出かけて信州そばを食べ歩いたという。当時名古屋では松坂屋百貨店の南にあった「やぶ」（平成17年閉店）が唯一のそば専門店であった。

祖父の縁から松本のそば打ちの職人を招き、父親や祖父の資金援助を受けて「丁字屋」はスタートした。名古屋では初めての手打ちそば店であった。爾来手打ちにこだわって58年、いまや名古屋きってのそばの老舗である。

ゆずそば

data

名古屋市中区大須3-29-6
TEL.052-241-1492
休日：火、28日（火の場合営業、翌日休み）
営業時間：11時～20時
メニュー：ざるそば 900円、生粉打そば1200円、車海老天ざる 3000円、生粉打天ざる 2000円、ゆずそば2段 1200円、かけそば 700円、天ぷらそば 1000円、おろしそば 950円、天おろしそば1800円　他
席数：56 （1階 28、2階 28）
駐車場：なし

信州手打ちそばの伝統を受け継ぐ

松本のそば打ち職人の「古式信州そば」の技術は若い弟子に伝えられ、さらに代々若い職人に受け継がれて、現在熟年の三代目と若い四代目が二人で店を支えている。

昭和30年には名古屋駅前の毎日ビルの地下に支店を出した。こちらの店は平成14年頃にビルが取り壊され、隣の豊田ビルと合併して「ミッドランドスクエア」が誕生する前まで続いた。

そば粉は長野産、松本市の製粉会社とは開店以来50年を超える付き合いである。通常のそば粉と更科《さらしな》粉を取り寄せそれぞれ二八そばとゆずそばに使う。木曽町の開田高原からのそば粉は生粉打ち（十割）とそばがきにする。

そば打ちは毎朝3時間かけて二人の職人が3種類のそばを仕上げる。水の代わりに熱湯を加えて水回しし、捏《こ》ねるいわゆる〝湯ごね〟である。これでそばのつながりが良くなる。

そば切りは細からず太からず、しっかり腰がある。手打ちは体力勝負、若いうちしかできない作業だという。

つゆは、辛汁は本返しに本節削りのだしを合わせて少々煮詰め、冷やしてそのまま使う。少し甘口ではないかと思う。甘汁は宗田節《そうだぶし》から取っただしと合わせる。

お勧めは、三河湾直送の活車海老を天ぷらにした天ざる（３０００円）、生粉打ちそば（１２００円）とゆずそば二段（１２００円）。

名古屋で本格的な信州そばが味わえるのは幸せである。

客から一言

「大須に来たら本場の手打ちそばを」

■アクセス■

［地下鉄］「上前津」駅（8番出口）より徒歩5分。

とう松

高級感あふれる店構え

●名古屋市東区

そば処「とう松」の主《あるじ》遠松達也さん（42歳）は名古屋市東区舎人町（現泉3丁目）で海苔店の次男として生まれ育った。祖父が町内で料理店を営んでいたことや、子供の頃おもにすし店へののりの配達を手伝い、職人さんたちの働く姿を見てきたこともあって、たべもの屋はごく身近な存在であった。

地元の大学を卒業し、三重県桑名市のうどん店の名古屋店に就職し、3年間働き、一通り仕事をマスターした。しかし、うどん屋はどこにでもあり新鮮さを感じなかった彼は、そばに挑戦することにした。そして市内の某有名そば店の門を叩いた。自宅から通い3年半程、手打ちのほか全ての厨房での仕事を習得し、仕入れも経験し、修業を積んだ。

恵まれすぎた開店

たまたま、実家では海苔の倉庫だった土地に8階建てのマンションを建てる計画が持ち上がり、独立してそば店を開くのであればそのビルの1階と2階を使ってはどうかという父からの話がもたらされた。

この場所は、名古屋市を南から北へ縦断し長野市へ通じる幹線道路、国道19号に面した一等地である。この上ない立地条件、駐車場もしっかり確保されている。そば店の厨房の機器もビル建設の計画段階で入れ込まれるという願ってもない段取りであった。そば打ちの技術にも何の心配もなかった。こうして平成11年6月、ビル完成と同時に「とう松」は開店した。

玄挽きせいろ

data

名古屋市東区泉3-7-11グランデ泉1F
TEL.052-932-8816
休日：火
営業時間：11時～15時・17時～20時30分（昼夜とも売切れ終い）
メニュー：玄挽きせいろ 650円、吟せいろ 650円、せいろ2枚重ね 1300円、天せいろ（1枚重ね）1650円・（2枚重ね）2300円、かけそば 700円、天ぷらかけそば 1600円　他
席数：32　（1階 16、2階 16）
駐車場：5台（店の西）

瀟洒《しょうしゃ》すぎた店構え

満を持した開店で、そこそこいけるとの観測は見事に打ち破られた。開店1年間お客さんは来なかった。ショックだった。店の構えが立派過ぎて入りにくいとも言われた。店の入り口は確かに料亭風である。のれんを手で分けて入るそば屋の雰囲気ではないのは今も変わらない。やがて近くの会社関係のお客さんのくちコミで、徐々にお客さんが増えていった。彼は「10年経ってやっと自分の打つそばが認められるようになって正直うれしい。開店当初に贔屓《ひいき》にしてくれたお客さんへの感謝は忘れられない」と言う。

原料のそばは二種類。長野の黒姫から玄そばと挽き割りを取り寄せ混ぜて挽きぐるみにし「玄挽きせいろ」に、福井の丸抜きは一本挽きし「吟せいろ」に使う。そばは全て手打ち。一割の小麦粉を加える九一そばである。「玄」は打った後1日冷蔵庫に置いてから供する。めんは細打ちでのど越しが良い。そば打ちでは水回しを丁寧にするように心がけているという。数年前から少々にがりを加えた水でそばを打つようにした。

つゆは辛汁、甘汁それぞれ別々に本返しとだしを取り、合せる。辛汁は合せてから湯煎し、4～5日冷蔵庫保存後使う。辛口である。

主《あるじ》のおすすめは「天せいろ2枚重ね」。2階に個室が三つあり、静かにそばを味わう絶好な場所である。

客から一言

「粋な雰囲気でそばを味わう」

■アクセス■

［車］桜通小川を北へ国道19号二つ目の信号（代官町）の手前西。

［地下鉄］桜通線「高岳」駅（2番出口）下車東へ。小川を北へ代官町信号の手前。徒歩7分。

茶室風店内で優雅な時間を……

七里庵《ひちりあん》

●名古屋市西区

うどん屋のはずがそば屋に

店主、市川稔氏は40歳を越えたばかり、でも旨いそば作りの情熱にかけては人後に落ちない。

平成7年頃、脱サラしぶらぶらしていたとき知り合いからうどん屋を勧められ、名古屋市内のうどん店に修業に入った。その店の主人について1年間集中的にうどんの手打ちを教わったが、とき悪く当時讃岐うどんの大型店が名古屋へ進出してきた。これでは細々と個人でやる手打ちうどん店では将来に展望がないと、あきらめていたときに、お客さんに連れられて福井県の武生市（現越前市）で食べたそばは香りが良く、甘く、旨かった。そのとき、そばはやり甲斐がありそうだと感じ、自分でそばを打ってみようと思った。

手打ちうどんの経験からそば打ちに何の抵抗もなく転換ができた。某達人の指南書が言わば師匠であった。写真をふんだんに使ったこの指南書どおりに打てば、きちんとしたそばができ上がる。どうしてもわからないところは、地元の麺類組合の手打ち研究会で教わった。

茶室をイメージしたそば店を開く

平成9年、うどん店を居抜きで借り受け、少し手を入れて「七里庵」を開店した。その後余裕ができたときに少しずつ改良し、今のそば店が完成

十割ざるそば

石臼

data

名古屋市西区枇杷島3-19-11
TEL.052-531-7672
休日：火、第2・4月曜
営業時間：11時～15時・17時～20時
（ただし売り切れ次第閉店）
メニュー：十割ざるそば 800円、十割天ざる 1500円、ざる追加一枚 700円、海老おろしそば（冷）（夏）1300円、天ぷらそば（温）900円、鴨南蛮そば（温）（冬）1300円　他
席数：15
駐車場：7台（店から南へ約30mの駐車場）

したという。

店名の七里は市内天白区の自宅から店まで丁度七里あることと、熱田区の「七里の渡し」をかけて名づけた。名古屋地方では「しち」を「ひち」と発音する。例えば質屋を「ひちや」と書くのである。

客席は15と狭いが、掃除が行き届いていていまさに茶室に入った気分である。

石臼手挽き、こだわりの十割そば

北海道・福井県・岡山県から玄そばを取り寄せている。産地により味にはっきりした違いがあるという。送られてきた玄そばを店内で低温保存する。十割ざるそばのそば粉は、毎日店が終わってから、翌日分を小型の石臼で手挽きにする。これに結構時間がかかり、他の準備もあって帰途につくのは毎日夜中の2時になる。

そばはもちろん全て手打ち、朝の7時から1時間程かけてその日の分を仕上げる。玄そばの産地によって細めにしたりやや太めにするなどの工夫もする。店主は言う、「13年間続けてきて、やはりそばは奥が深いとしみじみ思う。多くの失敗をし、試行錯誤の末に今日の姿にたどり着いた」と。十割そばはやや黒いが香りがありのど越しが良く、とにかく旨い。そばは一人前生で140g､店主の情熱を感じる本物のそばである。つゆは辛口、やや濃い目だがこれも旨い。

そば湯は、釜の湯ではなく別の鍋にそば粉を加えて作るので丁度良い濃さになっている。なるほど、旨いはずである。

道路の狭い町並みのそば店だが、車で来ても駐車場はゆったりとしていて安心である。

客から一言

「店主の気配りがうれしいそば屋です」

■アクセス■
［車］国道22号西区の上更交差点を北へ、次の信号「八坂」を左折、信号を越えて1筋目を右折する。右手に駐車場。

［電車］名鉄名古屋本線「東枇杷島」駅下車。徒歩約10分。

人気のメニューをやめ、そば一本にかける

松寿庵《しょうじゅあん》

●名古屋市千種区

兄のすすめでそば修業へ

当主、大田均氏（59歳）は名古屋市の出身。地元の名だたる名門高校から東京六大学へ、そのまま東京で2年間放送局で音響関係の仕事に従事し、その後帰郷した。

兄が市内ですし店を経営していて、「これからはそば屋がいいよ」と言われた。そこで、市内の某そばチェーン店の寮に入って2年間そば打ちの修業をした。店では高学歴の人が何でそば屋になるのと珍しがられたという。

昭和53年、彼26歳のとき、名古屋の繁華街・今池の北、電車通りに建ったビルの1階にそば「松寿庵」を開店した。

当初はきしめんとそばの店で、土地柄きしめんが主であった。店は閑だったが、2年程して忙しくなった。そのきっかけは、兄の指導で「ちらし寿司とそば」のセットを出したところ、これが大人気で一日中お客で賑わった。今、特に都会のそば店では昼時にサラリーマン向けに丼とそばのセットが流行っているが、その魁《さきがけ》と言えよう。その後、鉄火巻きや穴子の押し寿司等々のメニューが加わった。

昭和60年には〝きしめん〟をやめた。客からブーイングが起きた。さらに平成4年には〝すし〟もやめてそば一本で行くことにした。

機械を導入して旨いそばをつくる

そば打ちの作業の中で最も重要なのは「水回し」で、素早くそば粉に水分がまんべんなく行き渡るようにする必要があり、これでそばの良し悪

太打ち

data

名古屋市千種区豊年町4-13中京レンガビル1F
TEL.052-722-0212
休日：木
営業時間：11時～15時、17時～20時30分　日·祝17-20
メニュー：もり 720円、太打ち 800円、さらしな 720円、かけ 720円、そばがき 950円　他
席数：42
駐車場：9台（ビル内南No.16-24）

しが決まるとされる。

彼はいち早く「水回し機」を導入した。この機械は3kgの粉を僅か5分で均等に水が回る優れものであった。さらに、東京のそば技術の会合に出かけ、最新の情報を吸収した。手作業が全て良いとは限らないとの考えから「そば製麺機」も設置した。そば打ち名人の中には、手打ちより機械打ちのほうが旨いと言う人もいる。さらに、お客さんが多い店では機械化しないと無理ということもある。

現在、茨城県産の常陸秋そばの丸抜きを毎週取り寄せ、翌日分を電動石臼製粉機で細挽きと粗挽きの二種類の粉に挽く。生粉打ちの「もり」は細挽き粉を、「太打ち」は粗挽きと細挽きを混ぜる。水回し機にかけて製麺機で生そばを仕上げる。「さらしな」は戸隠の製粉会社のさらしな粉につなぎを加え二八で熱湯で湯ごねし、製麺機にかける。季節限定の「よもぎ入りそば」はよもぎの繊維を切るため包丁切りにする。目下弟子は三人、そのうち一人は次男（27歳）、当主が手打ちを伝授中である。


「かけ」等の丼ものは一人前生そば120g、それ以外は全て100gとやや少なめではある。しょう油・みりん・上白の返しを一晩ねかし80℃で湯煎後しばらく置いて、本枯れ節から取っただしと合わせて辛汁にする。やや辛口だがうす味で食べやすい。

そば湯は釜から。朝一番の客には、別なべにそば粉を入れて加熱し供する。

客から一言

「太打ちがおすすめです」

■アクセス■
［車］今池交差点を北へ、都通2丁目の先西側。ビルの中に駐車場。

［地下鉄］「今池」駅（1番出口）より北へ徒歩10分。

［市バス］「都通1丁目」下車、南へ徒歩1分。

堀川沿いの倉庫がそば屋に生まれ変わる

谷《たに》屋《や》

●名古屋市西区

倉庫を改装したレトロなそば屋

名古屋城に程近い堀川沿いの一帯には戦前から材木屋が多かった。その中に棉花の卸し問屋が一軒あり、昭和30年頃に倉庫が建てられ昭和45年頃まで使われた。その空倉庫を借り受け内装に手を加え、そば店「谷屋」が誕生したのが、平成13年10月であった。

建物の天井は高く、昔ながらの土壁が一部残るレトロな雰囲気の店である。

店主の谷幸典氏（41歳）は名古屋市西区城西の出身。平成10年には名古屋市内で弁当店を経営していたが、コロッケ、ハンバーグなど油で揚げたものが多く、毎日食べ続けていいものかと疑問を感じていた矢先に、そば好きの父親に連れられて行った、市内のそば店で本物の手打ちそばを食べてびっくりした。これこそこの先10年でも20年でも続けられる食べ物だと直感した。

平成11年名古屋市内のそば店主に掛け合って、約1年間本格的にそばの手打ちを教わった。その後、岐阜県多治見市に新たに開店した、そば専門店の店長として1年半の経験を経て、地元へ帰り自分の店を持ったのである。

開店後3、4年は師匠のところから玄そば入りの丸抜きを分けてもらい、電動石臼製粉機でそば粉を挽いていたが、田舎そば風で味は濃かったが、殻入りに違和感を感じていた。

このままでは師匠を超えられない、自分のそばに違った特色を出したいと思うようになった。

十割

data

名古屋市西区幅下1-1-11
TEL.052-561-3663
休日：水
営業時間：11時30分～14時、17時～21時
メニュー：（冷たいそば）ざる 800円、十割 900円、天ざる 1800円、とろろそば 1050円、海老おろし 1330円
（温かいそば）かけ 800円、海老おろし 1330円、天ぷらそば 1440円　他
席数：40
駐車場：店の入り口に3台、向かいの駐車場に6台

丸抜きの自家製粉に踏み切る

そこで一念発起して、まず、広島産の玄そばの「丸抜き」を取り寄せ、挽いたところ、なんとシットリ感のある思い通りのそば粉が得られ、手打ちも楽であった。玄そばからとなると設備が大掛りになるが、良質の「丸抜き」を手に入れ、手持ちの機械で製粉すれば経済的にも無難な上に、旨いそば粉ができるとの確信をもった。

現在、主に埼玉県と福島県の製粉工場から、毎週丸抜きの5kg入り真空パックを60kgから100kg単位で宅急便で取り寄せ、店の冷蔵庫で3℃で保存している。平日用に15kg、土・日用に18kgのそば粉を前日に挽いている。

そばは全て手打ち、「十割」そばは水ではつながりにくいので熱湯で打つ。「ざる」そばは国産の小麦粉を2割入れて打つ二八そばである。

十割そばは細打ち、のど越しが良く、味がしっかりしている。ざるも細打ち、硬めで食べやすい。ともにそばの盛りは、生で130gとまあまあの量である。

つゆには苦労した。当初、しょう油の味が強すぎるとお客さんから苦情があったので、だしの量を増やしたり、昆布を使ってしょう油の味を消すなどの工夫をした。現在のつゆは透明、口当たりは甘いがやや辛口で独特の味がある。

客から一言

「一風変わったレトロなそば屋で食べるそばは乙なものです」

■アクセス■

［車］国道22号幅下橋西を南へ。

［市バス］栄オアシス21「のりば1」から「栄27」か「西巡回（右まわり）」に乗り、幅下橋下車。堀川西側を南下する。

［市バス］名古屋駅から「幹名古屋1」か「名駅14」で愛知県図書館下車。堀川西側を北へ。

住宅街にある、新しいタイプのそば店

ふ〜助

●名古屋市千種区

名古屋市を東西に横断する広小路線の東山公園の西を南へ入った閑静な住宅街のビルの1階にこの店がある。大通りの喧噪が届かない店内は、明るく洒落ている。

開店は平成19年3月というから、まだ若い店だ。「ふ〜助」の名は、気軽に呼んでもらいたい気持ちと風通しの良い意味を含めて主《あるじ》（布施成一氏、37歳）がつけた。〃ふ〜〃は姓から、〃助〃はかつてそばの手打ちを教わった、岐阜県関市のそば店「助六」の一字をもらったものである。

名古屋の大学で土木工学を専攻し、卒業後関連の仕事についたが、3年程でそれこそ畑違いの飲食関係に転じた。平成14年から5年間、名古屋市内で飲食店の仕事をしながら、休みの土・日に先に述べた「助六」に通いそばを学んだ。執念である。開店に先立って、岐阜県板取村（現関市板取）で畑を借りてそばを栽培し、手刈り天日干しも経験した。

いいそば農家との交流を

数年前に、関市洞戸のそば農家と知り合い、今日まで2週間に一度こちらから出向いて、玄そばを分けてもらっている。当然そこには人としての交流が生まれ、いいそばを安定して供給してもらえる路《みち》が開かれている。

また、日本一のそば収穫量を誇る、北海道幌加内町にも足を運び、雨竜川の流域に広がるそば畑の農家との親交を深めている。

製粉は店内で石臼の機械挽き、いわゆる

ざるそば

data

名古屋市千種区唐山町3-6リアン東山1F
TEL.052-782-2266
休日：月（祝日の場合は翌日）
営業時間：11時30分～15時、17時～20時
メニュー：ざるそば 700円、おろしそば 850円、鬼おろしそば 850円、とろろそば 900円、かけそば 700円、にしんそば 1400円　他　大盛＋200円
席数：21
駐車場：3台　ビルの西北

挽きぐるみである。前日午後から約8時間かけて玄そば5～6kgを挽く。

自家製粉したそば粉に合ったつなぎの小麦粉の割合をいろいろ試した結果、一割と決めた。一九《いちく》の割合のそばは珍しい。小麦粉は外国産の強力粉。これもいろいろ試みた結果である。そばはすべて手打ち、朝10時から主《あるじ》が自ら打つ。

さて、おすすめのメニューだが、「ざるそば」と「鬼おろしそば」だと言う。そばはかなり黒味かかるが、のど越しが良く、小麦粉を感じさせないところは研究の成果ではないかと思う。めんは細からず太からず硬めである。そばの盛りは生で130g、つゆは濃い。鬼おろしそばは、大根を特製の道具で粗《あら》く卸したかけそばで、なかなかの人気だという。

しょう油にもこだわった。あれこれ試して、埼玉県と和歌山県のメーカーのものを使うことになった。みりんを加えた「返し」は室温で約2週間ねかす。かつお節はもちろん鹿児島県枕崎産、表面を削って手入れしてから機械で削るなど手間を惜しまない。

この店の天ぷらは、野菜、山菜、きのこが中心で、えびや魚は残念ながら扱わない。要するに、天ぷらには、あまり重きをおいていないということか。

新しいタイプのそば屋として是非とも推薦したいお店である。

客から一言

「お店の名前通り、気軽に入れるそば屋さんです」

■アクセス■

［車］市内、広小路線唐山交差点を南へ。2本目を左折、東へ進み、左手の8階建のビルの1階。

［地下鉄］東山線「東山公園」（4番出口）下車。東山公園西を南へ、2本目を西へ。

蕎麦屋で一杯…粋な文化を伝える

山葵《わさび》

●名古屋市中区

昼はそば屋、夜はそば居酒屋

「そば居酒屋」を標榜する「山葵」の店主、加藤康式《やすのり》氏（41歳）は、名古屋市内のそばを中心としためん類店に18歳で修業に入り、25歳から店長として経営も任された経歴の持主である。平成に入った当時名古屋ではまだそば専門店は少なかった。独立を模索していた彼にとって、昼だけのそば店では経営的に成り立たない。何とか夜もお客さんを呼べないものかと考えていた。たまたま勉強のため訪れた東京の有名そば店で、旨い日本酒と肴《さかな》とそばを初めて経験し、感銘を受けた。

決断は早かった。長年働いた店を辞めて、日本料理店で2年間修業した。そば居酒屋を開くためであった。

名古屋の中心部から少し離れたところで、築50年と古いが適当な店舗を見つけ内装を施し、そば居酒屋「山葵」を開店した。平成13年6月、彼31歳であった。この地は昼時、ランチを求めるサラリーマンらであふれていた。昼に関しては採算が十分とれると見当をつけたのである。

苦労の割りに評価されない十割そば

つなぎを全く加えない十割そばは、確かに聞こえが良く、高い値段をつけられるが、挽きたてのそば粉が必要になり、自家製粉ということになる。それには設備や人手がかかる。

さらに粗挽きとなると手打ちに高い技術と経験が求められる。その上、生そばの保存や茹《ゆ》でにも細心の注意が必要になってくる。手間が掛かかり苦労する割には、正しく評価されないのが十割そばではなかろうか。十割そばと二八そばを並べて出して、どちらが旨いかと問うと後者だというお客さんが多いという。

つなぎの小麦粉を二割から三割加えたそばな

信州田舎そば（夜）

data

名古屋市中区栄1-29-8
TEL.052-221-9966
休日：日・祝日
営業時間：11時30分～14時、17時～23時
メニュー：信州田舎そば 950円（大盛は350円増し）、ざるそば 580円、辛味大根のざるそば（冷）700円、つけとろざるそば（冷）680円、かき揚げ天ぷらとそば（冷、温）880円、かけそば（温）530円　他
席数：26
専用駐車場：なし（近くにコインパーク）

ら、つながりやすく機械でも打てる利点がある。生そばの保存にも苦労しないし、しかもそばになめらかさがあり食べやすいという。

加藤氏は長年の経験から、無理して十割にこだわらず、つなぎを加えたそばにして、量を多くし少しでも安くお客さんに提供したいと決断した。

「山葵」では国内産のそば粉を長野の戸隠等から取り寄せ、共同の製麺工場で生そばを機械打ちしている。昨年の秋から、手打ち十割に代えて、挽きぐるみで二八の機械打ち、「信州田舎そば」を出したところ、お客さんの評価は上々とのことである。一人前生で170gと丁度いい量である。

お昼の献立は「ミニ丼とそば」がお値打ち。つゆは、まずだしにこだわり、これに合うしょう油を選んで作ったという。少々甘すぎると思うがどうだろうか。

もう一つのお楽しみは夜の居酒屋

店主はもっぱら料理を担当し、びっくりする程多彩な日本料理を準備している。肴とそばに合う日本酒を用意していることは言うまでもない。粋なそば文化を名古屋に紹介した魁《さきがけ》の居酒屋である。

客から一言

「いなせなそば屋に夜も行きたいな」

■アクセス■

［地下鉄］「伏見」駅（7番出口）から徒歩8分。「大須観音」駅（4番出口）から徒歩5分。

そば打ち職人を育て続けて

沙《さ》羅《ら》餐《ざん》

●名古屋市南区

名古屋市南区星崎に本部を構える、そば店とそば関連事業を手がける「沙羅餐」の創始者・服部隆氏（61歳）は三重県四日市市の出身。昭和24年生まれのいわゆる団塊の世代である。

名古屋の工業大学を卒業し、コンピュータ関連の会社でシステムの営業を担当した。20年経って、会社の勧める早期退職に応じた。慣れた仕事をそのまま続けるより、全くの異分野の「そば」をやってみようと決めた。

サラリーマン人生から百八十度の転換、平成6年4月、彼44歳であった。

人生を変えた決断

故郷の四日市はうどん文化の土地であった。東京・名古屋・福井に勤務した30代の初めにそばを知った。松本市のさるそば屋で味わったそばは高かったが旨かった。今まで食べたそばの中で一番の味だった。そしてそばにのめり込んでいった。自分でそばを打つようになった。特定の師匠についたことはない。そば打ちの本が師匠であった。

退職後、まず店を持たないそば店すなわち出張そば店を開業した。しかし無名の彼に注文が殺到するわけがなかった。

カルチャーセンターでそば教室

出張そば料理では生活できないので、名古屋市内のカルチャーセンターへ出かけ、そば打ち教室の新設を申し込んだ。これが評判を呼び、以降いくつかのそば教室を開くことになった。

出張そばは10年程続けたが、その間に三重県で

十割蕎麦

data

名古屋市南区星崎1-147-3
TEL.052-824-7037
休日：水、第3火
営業時間：11時30分～14時30分、17時30分～21時
メニュー：十割蕎麦 1000円、二八蕎麦 800円、田舎蕎麦 1000円、ざるかけ 900円、かけおろし 1160円、山かけ 1160円　他
席数：64　32（テーブル席）、16（カウンター）他
駐車場：13（第1）10（第2）

そば栽培を経験した。そばの手打ちを教える本を3冊出版した。さらに縁あってそば製粉機メーカーの工場の一角に製粉機一式を設置し、事務所も作り本拠地を定めた。平成16年、工場の2階に念願の「沙羅餐本店」を開店。翌年中部国際空港内にセントレア店を出店と順調に進んだ。

　平成19年には隣の土地200坪を借り、2階建ての社屋を建て、2階に75坪もの広いそば店を設え本店を移した。

手打ちにこだわる

　玄そばは三重県産が主、これを2台の電動石臼製粉機で挽きぐるみにし、粗挽き粉にする。そばはあくまでも手打ちにこだわる。手打ちでしか出ないそばの味を目指しているという。一日30とか40食の店なら店主一人で何とかなるが、100食を超える店では何人かのそば打ち師が必要になる。本店の1階には14台もの打ち台があり、そこで並んでそばを打つ姿はまさに壮観である。そばは十割と二八、ともに細切り。硬打ちで腰はしっかり。玄そばが良ければ全てよしという。

　つゆはそばの味と香りを邪魔しないようにとの配慮から、しょう油の強い香りや砂糖の甘味を抑え、かつおのだしの香りも出しすぎないように、辛汁は合わせてから1~2日冷蔵庫に保存してから供する。辛口である。

　服部氏の下で巣立ったそば職人は200人、うち100人が開業。うどん・きしめん文化の名古屋でそばを広めた氏の功績は大きい。

客から一言

「豪華な店で手打ちのそばを味わう」

■アクセス■
[車] 国道1号星崎1を南西へ、新幹線ガード手前を左折3筋目を左折突き当たり。
[名鉄] 名古屋本線「本星崎」下車、西へ徒歩10分。
[JR] 東海道本線「笠寺」下車、タクシー。
[市バス] 栄17番のりば、基幹1号、「星崎」下車。

関東風の本格そばを堪能

春風荘《しゅんぷうそう》

●名古屋市中区

昭和34年9月26日は当時を知る名古屋の人にとっては忘れられない日である。伊勢湾台風が来襲し死者・行方不明者5000人を超す被害をもたらした。その翌日9月27日に、名古屋市伏見で開店を予定していたのがそば・うどん店「丁稚」で、台風のため開店の先送りを余儀なくされたと先代の店主鈴木良一氏から聞いた。

鈴木家の長男・鈴木健之氏（55歳）は地元の中・高を経て、大阪体育大学へ進学。将来は中学か高校の体育教師になる予定であった。もう直ぐ卒業という4年生の11月に父が交通事故で急逝した。

父親の店を継ぐ

店を続けるか閉じるかの瀬戸際に立たされた彼は、大学に在籍のまま店を継ぐ決断を下した。大学へは週に何回か通い、無事卒業したが、そば打ちは全くの素人。何せ父親の店を継ぐことなどは考えてもいなかったので、当初は大いに戸惑った。

その頃、ゴルファーの間で旨いそばを出すと評判の岐阜県のゴルフ場のそば店を耳にし、自分の店が休みの土・日に通い、そばの手打ちを教わった。

そばの本格修業に上京

5年が経過して、2歳年下の弟が体があいて「丁稚」に戻ったのを機に、店は弟に任せて、本格的にそば打ちの修業のため上京。千葉県柏市の「竹やぶ」本店に住み込んで、3年間うどんとそばの手打ちと厨房での仕事を習得した。さらに東京・練馬のそば店で2年間修業を重ねた。最後に銀座の有名すし店で2カ月程接客を学んだ。

昭和63年帰省、中区内にこだわり、中心地からは離れているがその分駐車場がとれる現在地にそば処「春風荘」を開店した。

店名は北大路魯山人が住んだ「春風萬里荘」に

せいろ

data

名古屋市中区千代田3-31-20千代田セントラルビル1F
TEL.052-331-5075
休日：木　(祝営業)
営業時間：11時～20時
メニュー：せいろ一枚 700円、せいろ二枚重ね 1200円、天せいろ一枚 1800円、天せいろ二枚重ね 2000円、活巻天せいろ 2500円、十割蕎麦 1000円、かけ 700円、天ぷらそば 1800円　他
席数：32　16(テーブル席)、16(座敷2)
駐車場：7台(店の西隣)

因《ちな》んでつけた。テーブルは松本民芸家具、椅子は京都から中華風の花梨製、座敷のテーブルは年季の入った紫檀と本物志向で、いかにも魯山人に倣《なら》ったことが窺《うかが》える。

そばの原料は、福井産の在来種の丸抜きと妙高・黒姫産の丸抜きの挽き割りを電動石臼製粉機で毎朝翌日分を挽く。魯山人が日本一だと賞賛した長野・柏原産の玄そばは挽きぐるみ、「十割蕎麦」と「そばがき」に使う。

「せいろ」のそばは、二八で手で捏《こ》ねた後機械で切る。生そばは2～3時間寝かすとそばと水が馴染み、旨くなるという。めんは細打ち、腰があり、のど越しが良い。

荒打ち十割蕎麦

本返しは辛汁用と甘汁用の二種類を作る。だしは本節と亀節のパウダーから取る。濃厚なだしが素早く取れるという。辛汁は辛口で濃い。天せいろのつゆは温めて出す。

そば湯は変わっている。そば粉と水が瓶に入っていて、よく振ってつゆの容器に入れそば湯を足していただく。旨い。

この店の目玉は、店主が自ら揚げる天ぷら。旨さの秘訣は油と食材にあると言う。お試しあれ。

客から一言

「豊かな気分で関東風のそばが味わえる」

■アクセス■

［車］鶴舞交差点から金山方面へ、七本松を西へ。

［JR・地下鉄］JR「鶴舞」駅・地下鉄「鶴舞」駅（6番出口）下車。中央線に沿って西通を南西へ七本松を西へ。徒歩10分。

愛知の蕎麦処

喜《き》作《さく》

生産者との深い付き合いが生む手打ちの味

●西春日井郡豊山町

国道41号沿い名古屋空港の西にある「喜作本店」の主《あるじ》宮内和彦氏（73歳）は、長野県飯田市の出身、弱冠17歳で名古屋へ出てきて市内大曽根で手打ちめんの修業5年を経て独立、17年にわたりうどん店を経営した後、昭和52年4月に、200坪の土地に50坪の2階建てのめん店を新築開店した。店内は1階だけで座敷を含めて席数100というから広い。しかも天井が高いのでゆったりと落ちつける。

宮大工の手になる日本家屋の店

この店は、屋根は島根県出雲市の出雲大社の神明造りを、内部は岐阜県高山市の旧日下部《くさかべ》邸を模して建てられたという。柱は飯田産のものを飯田市の父親の工場で乾燥に1年以上かけた代物である。

主の父親は東京で修業した宮大工、田舎へ帰り飯田市で仕事をしていたが、長兄と二人で設計図を引き、飯田市から通って3年がかりで丹精込めて「喜作本店」を造り上げた。

このめん店は、宮内家が総出で建てた堂々たる建物で一見に値する。築30年経っても水回り以外はびくともせず、手入れは不要、改めて父親の年季の違いを感じたという。

「喜作」の名は長野県出身の作家、「ああ野麦峠」で知られる山本茂美氏が主の店を訪れたときに、新しい店のために自著「喜作新道」に因《ちな》んで名付けたものである。

信州のそば農家との長い付き合い

本店開店をきっかけに、新たにそばを加えた。当初近くの製粉会社からのそば粉を使っていたが、品質にばらつきがあるなど満足できなかった。しばらくして、主の出身地の近くの下伊那郡下条村のそば農家と知り合い地元産の玄そばの石

ざるそば２段

data

愛知県西春日井郡豊山町青山金剛 100
TEL.0568-28-5008
休日：無休（不定休有）
営業時間：11 時 -15 時、17 時～ 21 時
メニュー：信州石挽きざるそば（2 段）850 円、（3 段）1050 円、天せいろ 1800 円、とろろそば（冷）1000 円、オリジナル喜そば（冷）1100 円、かけそば　650 円、にしんそば 1050 円、天ぷらそば 1100 円　他
席数：140（1 階 100、2 階 40）
駐車場：30 台

臼挽きのそば粉を試食、その旨さにほれ込んで直接購入することになった。下条村は、標高500～800m、天竜川からの霧が降り、昼夜の寒暖の差が大きくそばの栽培に適した土地で、そばの生産量は県下の村単位で白馬村に次いで二番目に多いという。

週一回宅急便で送られてくる10kg単位のそば粉は店内で室温保存される。そばは全て手打ち、いろいろ試験した結果つなぎの小麦粉を3割加える七三《ななさん》に決めた。

毎日朝、勤続30年の40代の料理長が店内のめん台でそばを打つ。彼は入社から5年間、松本市から招いたそば打ち職人にそば打ちを教わった。そばはやや太打ち、もっちり感があって食感が良い。白からず黒からず、ざるそば二段は生で200gと十分な量である。

つゆの返しは、みりん・砂糖・「たまり」を加え加熱した本返し。1ヵ月程熟成すると丸味が出るという。長い間うどんときしめんを商った経験から、主《あるじ》は「〝たまり〟はこくがあり、舌に残る味が良く、香りが強いので使っている。しょう油はさらっとして物足りない」と言う。これにむろあじ、宗田節と本かつお節でとった出しを合わせる。

そばつゆは、甘からず辛からずだが少々重い感じかな。

客から一言

「ゆったりと味わえて、くつろげます」

■アクセス■

[車] 国道41号青山江川を東へ。次の交差点を左折。店の駐車場から入る。

[バス] 名古屋栄、錦通噴水北のバス停「名古屋栄」であおい交通「航空館Ｂｏｏｎ行」に乗り、「青山江川」下車。

石臼挽き自家製粉の手打ちそば

古窯庵《こようあん》半田店

●半田市

築百年の古民家を改築

半田市は、名古屋市の南に突き出た知多半島のほぼ中央の東に位置し、古くは江戸廻船の拠点として栄え、知多半島の特産品の清酒、食酢、知多木綿等が、江戸や大阪などに運ばれた。現在でも、「ミツカン」に代表される食酢などの醸造業や鉄鋼産業（JFEスチール）等が健在で、知多半島の経済と文化の中心地である。

市の中心部を南北に走る旧街道沿いに手打ち蕎麦処「古窯庵」がある。オーナーの中野公寛氏が市の商工会議所の町おこしに賛同し、空家だった築100年を超す古民家を数ヵ月かけて改造し、2001年にオープンした。

店内は古民家の風情が残り、客席は1階が板の間2階が座敷である。店名は日本六古窯の一つ、隣の「常滑」に因《ちな》んでつけた。

2年程して、成瀬尚之氏（当時29歳）がスタッフとして加わった。彼は元々そばが大好き、名古屋の老舗そば店に3年勤め一通りの経験を積んだが、そばは全て機械打ちで不満が残った。どうしても、手打ちの技術を習得したいとの思いから、2年間「古窯庵」で中野氏の指導を受けそば打ちをマスターした。

2005年オーナーが念願の常滑市内に姉妹店「古窯庵常滑店」を開いたのを機に半田店を任されることになった。爾来《じらい》半田店での製粉、そば打ち、そして厨房での主な仕事を一人でこなし、今年で6年になる。

玄そばと丸抜きは共に福井県（坂井市）丸岡町産。それぞれ必要量を宅急便で取り寄せ冷蔵保存

細挽き細打ちせいろ

data

半田市中町3-70
TEL：0569-26-2225
休日：月（祝日の場合は翌日）
営業時間：11時30分～14時、17時30分～22時
メニュー：細挽き細打ちせいろ 一枚 680円、おろし 780円、海老天せいろ 1580円、粗挽き田舎 一枚 880円、日替りそば膳 1200円　他
席数：32（1階板の間 12、2階座敷 20）
駐車場：9台（店の北5台、南4台）

する。

玄そばは粗挽き、これが「粗挽き田舎」になる。丸抜きは細挽きし、「細挽き細打ちせいろ」として供される。開店と同時に購入した電動石臼製粉機は石臼の直径が40㎝と大型で能率がよく、比較的短時間でそば粉が挽けるという。

つなぎ1割でそばの風味を引き出す

そば打ちは平日は朝9時から。そば粉9に対し小麦粉1のいわゆる九一である。そばがつながる程度にできるだけ小麦粉を少なくしている。めんは細打ちでも腰がしっかりしている。石臼挽き・自家製粉・手打ちにこだわるだけあってそばは旨い。全てのメニューは一人前生そばで150g。二枚だと500円増。大盛りは100g増で400円増と、たくさん食べたいそばファンにはうれしい限りである。

つゆの本返しは最上級のしょう油・みりん・上白糖から作りかめに入れて保存し、順次使い切る。辛汁のだしは、本枯れ節の厚削り・利尻こんぶ・しいたけから。返しと合わせて火入れ後冷蔵庫で保存し、翌日使用する。辛口である。甘汁は冬のみ。さば・宗田・かつおの薄削りのだしと薄口しょう油を合せる。

おすすめのメニューはとの問いに、「自分では主張しない。お客さんが食べたいものをお出しするのが仕事」ときわめて謙虚である。

猪口、皿等の陶器は常滑の作家ものである。

客から一言

「こだわりの手打ちそばを古民家の座敷で」

■アクセス■

[車] 知多半島道路「半田IC」を出て東へ、名鉄河和線を越え次の交差点を北へ「中町」交差点の手前東側。半田ICより3㎞、約7分。

[名鉄] 河和線「知多半田」下車。東南へ徒歩約10分。

[JR] 武豊線「半田」下車。西南へ徒歩約10分。

原点は〝越前おろしそば〟

竹うち

●岡崎市

越前おろしそばがとりもつ縁で

店主の竹内均氏（49歳）は愛知県大府市の出身。名古屋で営業のサラリーマン生活を10年程送っていたが、そばの食べ歩きを趣味にしていたある日、独りで福井の越前市のおろしそばの有名店に出向いたところ、丁度そばが売り切れてしまって「おろしそば」が食べられなかった。

最後のお客さんが気の毒に思い彼を駅まで車で送ってくれることになった。車中でいろいろ話をし、「もしそば屋をやるなら連絡して下さい」と言われた。そのお客さんが福井県のそば製粉会社の社長さんで、平成3年、彼の紹介で、当時人気の今庄のそば店で住み込みで1年間修業し、そば全般と二八そばの手打ちを習得した。

名古屋へ戻り市内の手打ちそば店でそば打ち職人として1年半働いた後、自分でそば店開く準備をした。平成7年頃はバブルが弾けて土地の値段も下がった。不動産屋の紹介で、土地勘のあった岡崎市のさびれた昔の繁華街の電車通り、旧国道248号沿いの現在地に、駐車場もとれる70坪の敷地を購入。30坪の店を建てて平成8年4月にそば専門店「竹うち」を開店した。

開店当初からお店は繁盛

開店当初からとにかく忙しかった。くちコミでお客さんが増えて、そばが売り切れる日が続出した。店主一人でできる範囲ということでメニューも少なくし、日曜日を休みにした。ここ10年の経験でしっとり感のあるそばが打てるようになったと彼は言う。

越前おろしそば

自家製粉のそば粉

data

岡崎市井田町字稲場15-5
TEL.0564-25-9366
休日：火
営業時間：11時30分～18時
メニュー：生粉打もり 787円、越前おろしそば 682円、もり 682円、かけ 682円、天婦羅そば 1102円、鴨汁そば一枚945円　他
席数：24　16（椅子席）、8（小上がり）
駐車場：8台

初めは製粉会社からそば粉を購入していたが、そば粉の品質にバラツキが多く満足できず、玄そばからの自家製粉に踏み切った。

玄そばは栃木県那須高原のそば農家から常陸秋そばを一括購入、現在生粉打と二八そば用に製粉している、他に福井県のＪＡから福井在来種の中粒種を一年分確保し冷蔵庫で保存熟成中、夏以降順次製粉の予定という。

製粉は、まず玄そばをできるだけ大きく割る。福井地方では一般的な「挽き割り」で、石臼で玄そばを大粗挽きし篩で鬼殻を外し、次いで電動石臼製粉機でそば粉を細かく挽く。

十五年間値上げせず

そば粉十割の「生粉打《きこうち》」は細挽き粉に熱湯を加えいわゆる「湯ごね」にして捏《こ》ね、腰をもたせる。そしてのど越しを良くするために細打ちにする。女性客には人気の一品である。他の二八そばは細挽き粉を水で捏ね、少し太目に打つ。全て一人前生そばで１２０ｇである。

目玉の「おろしそば」の辛味大根は長野県下條村産の「親田辛味大根」を取り寄せている。「おろしそば」は中皿に中太のそばにつゆと削り節を掛けたものという先入観は覆され、つゆを掛けてもつけても食べるものだと知った。

だしを濃く作り返しと合せるのでつゆは濃い。そば湯を加えるとだしの味を強く感じる。

おすすめはもちろん「越前おろしそば」である。

客から一言

「旨くて値打ち、お客が多く行くはずです」

■アクセス■

［車］国道1号康生通南を北へ県道39号を約２・３km、5分。井田交差点南。

［電車］名鉄名古屋本線東岡崎駅より「奥殿陣屋」行等のバスで約13分、「井田」下車南。

自慢のお座敷で一家団欒そばづくし

天手古舞《てんてこまい》

●刈谷市

昭和46年頃といえば、日本の高度成長の末期で、地元の工業高校卒の彼、政年美徳《まさとしよしのり》氏（昭和28年生まれ）にはいくらでも就職の口はあったが、何か自分で商売をやりたいと考えていた。卒業がせまった3月に、知り合いに「一度浦和へ行ってそばを食べてこい」と名店「一茶庵」を紹介され、出かけることになった。そこで初めて食べたそばは旨かった。お座敷のあるそば屋で家庭的な雰囲気、その上主人の人柄がめっぽう良かった。

卒業と同時に住み込んで5年弱、家族の一員として育ててもらった。お店は繁盛し毎日が忙しかった。そば職人としての技術は手取り足取りではなく、〝盗んで覚えろ式〟であった。

そばの手打ちを始めて最初の難問は、彼が左利きであることであった。左刃の包丁を新調するか、右刃の包丁を使うか。両刃という話もあったが、結局そば打ちは右手でということで決着した。

家族総出でそば店を建てる

昭和50年秋、浦和での修業を終えて、刈谷に帰った彼は、早速そば店の建築にとりかかった。当時はまだ現在のような幹線道路ではなかった道路わきの100坪の土地を借り、約40坪のそば店を建てることになった。昭和51年春から、政年氏の両親・兄弟をはじめ友人の協力で、地元の大工さんと一緒になって、黒松の梁《はり》の皮剥きから塗料ぬりや壁ぬりも手伝った。テーブルも友人の指物師にオーダーし、油性うるしは自分で塗った。店の三和土《たたき》は家族総出で仕上げた。

おせいろ

data

刈谷市稲場町6-813
TEL.0566-23-7857
休日:月（祝日の場合営業することあり。不定休あり）
営業時間：11時～14時45分、17時～20時30分
メニュー：おせいろ一枚 700円、大盛り 950円、深山　一枚 700（田舎そば）円、そばとろ一枚 850円、天付せいろ一枚 1500円（深山も可）、かけそば一杯 650円、鴨汁せいろ一枚 1000円
席数：45
駐車場：店前6台、第2P（西2軒隣のGSの北）5台

こうして、「一茶庵」をイメージした、お座敷で一家団欒《だんらん》のできるそば店がオープンした。ときに昭和51年10月、彼23歳のときであった。

結婚そして開店、花嫁は修業先で

花嫁は、「一茶庵」の主人のお従妹さん。東京、練馬のそば屋さんのお嬢さんがたまたま浦和の「一茶庵」で働くことになり、彼と知り合うことになったというわけである。

政年夫妻、母、兄の四人で始めた「天手古舞」、最初の3年はお客が少なかったという。関東風のつゆがご当地三河に合わないのではないかと、いろいろ悩んだが、東京のお客さんからは喜ばれた。平成22年10月で34年続けられた喜びは大きい。

そば粉は国内産に限定し、新潟・埼玉からクール宅急便で毎週届く石臼挽きのそば粉を7～8℃の冷蔵庫で保存する。そばは全て手打ちつなぎの小麦粉を二割入れる二八そばである。

「おせいろ」は細め、「深山」は太めに仕上げる。一人前生で140g。しょう油・みりん・砂糖から造る本返しを1～2週間室温にねかし、枕崎産の本枯れ節を毎朝けずり、合わせてそばつゆを造る。つゆは辛口だがこくがある。

後継者は長男信之輔氏（34歳）。東京の大学を出て、1年間「一茶庵」で修業した。この先、ずっと「天手古舞」を続けてほしいものである。

客から一言

「家庭的なおそば屋さんです」

■アクセス■

［車］国道23号有松ICを出て、国道366号を南下。国道155号と接続中手町を東へ。日高町2の先。

［JR］東海道本線「逢妻」駅下車。徒歩約15分。

主婦から転身。理想のそばと出会う

わたなべ

●蒲郡市

蒲郡市に住む主婦渡邊智子さん（61歳）は夫雅《まさ》允《みつ》氏（64歳）のそば好きに付き合って、15年にわたってそば店を食べ歩いた。隣の岡崎市の越前そば屋へは毎週のように通ったし、ときには、日帰りで長野県や福井県の有名そば店へも足を伸ばした。さらに、そば打ち名人といわれる人の本を頼りに、またテレビのそば番組からヒントを得たりして自己流でそばを打つようになっていた。

主婦がそば打ちに挑戦

やがて、さらにそば打ちの技術を高めたいとの思いが強くなった。そんな折、たまたま名古屋市内でそば店を経営する、服部隆氏の存在を知り、早速面接に出かけた。

独学でそばを打っていると言うと、すぐ打ちなさいと言われ、彼の目の前で夢中でそばを打った。幸いその場で入門を許され、平成15年9月から1年弱、彼のそば道場でそばの修業をすることになった。このうち、3カ月間は、毎日朝6時のJRの列車で蒲郡の自宅から名古屋市南区のそば道場まで、片道1時間半かけて通い、朝8時から夕方6時までそば打ちに熱中した。

趣味が高じて、本業となる

そば打ちに見込みがつき、平成16年に入って渡邊家では、夫所有の貸家二軒を半年かけてそば店にリフォームした。そして、平成16年8月にそば処「わたなべ」を開店した。ご主人は翌年、37年勤めた地元の銀行を定年前に辞め、夫人とともにそば店を営むことになった。

良質のそばを求めて、本で知った長野県の製粉

鴨十割盛りそば

data

蒲郡市栄町16-5
TEL.0533-69-7824
休日：木
営業時間：11時30分 ～ 14時30分、17時30分 ～ 20時30分
メニュー：（冷たいそば）鴨十割盛りそば 1100円、鴨二八盛りそば 1000円、十割盛りそば 800円、二八盛りそば 700円、おろしそば 750円
（温かいそば）かけそば 750円、天ぷらそば 950円、鴨なんばん 1000円　他
席数：28
駐車場：3台＋2台（軽）、8台（近くの駐車場）

会社から国内産の玄そばと丸抜きを購入。夫人が、店で一日置きに石臼を使って粗挽きにする。さらに、この製粉会社の紹介で、信州大学と長野県の企業が共同開発した新品種「サンルチン」そばの挽きぐるみを入手した。試食したところたいへん美味だったのですっかり気に入り、これを定期的に購入し、手挽きの粉と混ぜてそばを打っている。

「サンルチン」は通常のそば粉より高価だが、毛細血管を強化する作用があり、脳出血や出血性諸病の予防に効果が期待されている「ルチン」が普通のそばの3倍以上含まれている。

そばは全て手打ちの細打ち。十割そば・二八そばともにそば殻の細かい粒子が混じるので、茹《ゆ》でるとそれが星のように見えるという。こういう感じのそばこそ長い間追い求めてきた理想のそばだと渡邊夫人は言う。

一人前生で130～135g、さほど量は多くないが、繊細さを感じさせるそばではある。

つゆは少々甘口だが、鴨盛りそばのつゆは人気があるそうだ。鴨肉をつゆに直接入れて煮込みねぎを加えた温汁に、茹《ゆ》で上がったそばをつけて食べるのだが、残ったつゆは最後にそば湯を入れて飲むと旨い。初めての体験であった。鴨の肉は美味しく人気があるので、この店では開店当初からメニューに加えている。おすすめは、鴨二八盛りそばだという。

客から一言

「鴨そばがおすすめです」

■アクセス■

JR「蒲郡」駅の南を走る国道23号を西（名古屋方面）へ、江畑交差点を南へ入る。突き当たりを左折、200m程先を右折する。

一日限定五食の「ザあらびき極」

雄《ゆう》岳《がく》

●大府市

友人の紹介で出かけて行っておどろいた。大府市の中心から外れた郊外にこんな素晴らしいそば店があるなんてびっくりした。

店主の中尾行雄さん（59歳）は、関東の国立大学で社会学を専攻、卒業と同時にある専門商社に就職し、7年間総務部管財部門で不動産を担当していた。が、運悪く会社が倒産、奥さんの実家がある東海市へ身をよせた。

しかし一流商社での管財の経験を買われ、名古屋市にある大手進学塾でその腕を振るうことになった。

「宅地建物取引主任者」の国家資格をすでに取得していた彼は、20年に亘《わた》り同塾の管財部門で、全国各地で土地を借りそこに校舎を建てグループ校を立ち上げる仕事に従事した。

平成に入って、奥さんと二人で長野、岐阜、富山など各地を車で旅をしてそばを食べあるいた。そのなかで、富山県五箇山で出合ったそばの旨さに感銘をうけた。長野県のネバーランドでそば打ちを経験、早速道具を買い求め自分でそばを打つようになった。

管財担当からそば業への転進

50歳を越えて勤務先の転進支援制度を受け、そば業への転職を決心した。

まず、その頃名古屋で名の知られていたそば職人の元でそばの手打ちを修業した後、そば店の準備に取り掛かった。30年近い管財経験から建物はお手のもの、早速土地探しを始め、現在地に80坪の土地を長期契約で借り受けた。家屋は知り合いの建築業者が3カ月かけて床面積30坪弱のそば店を完成させた。そして平成17年4月に念願の「雄

ザあらびき極

data

愛知県大府市半月町2-81
TEL.0562-48-1112
休日：火･水
営業時間：11時30分～14時、17時30分～20時（要予約）
メニュー：ざる 800円、天ざる 1200円、十割 900円、ザあらびき極 1200円、かけ 800円、天かけ 1200円、鴨なんばん 1500円　他
席数：20
駐車場：5台

郵便はがき

料金受取人払郵便

名古屋中支店
承認

6438

差出有効期限
平成25年1月
14日まで

上記の期間経
過後はお手数
ですが切手を
お貼り下さい。

460-8790

352

名古屋市
中区上前津二−九−十四
久野ビル

風媒社
編集部 行

*このはがきを小社刊行書のご注文にご利用ください。より早く確実に入手できます。(送料無料)

購入申込書

(書名)	(部数) 部
(書名)	(部数) 部

ご氏名

ご住所　(〒　　　　　　)

お電話番号	E-mail

風媒社愛読者カード

書　名

本書に対するご感想、今後の出版物についての企画等ご自由にお書き下さい

お名前《ふりがな》　　　　　　　　　　（　　　歳）ご職業

ご住所（〒　　　　　　　　　）

お求めの書店名	
本書を何で お知りに なりましたか ○印を付けて下さい	①書店で見て　　　②知人にすすめられて ③書評を見て（新聞・雑誌名　　　　） ④広告を見て（新聞・雑誌名　　　　） ⑤その他（　　　　）
ご購読新聞・雑誌名	

＊図書目録の送付希望　□はい　□いいえ
＊このカードを送ったことが　□ある　□ない

岳」を開店した。

石臼碾き手打ちそばにこだわる

長野・栃木・福井・茨城の国内産の玄そばの丸抜きを購入する。これを電動石臼製粉機で毎日必要分を挽く。石臼の回転数を変えたり丸抜きの投入量を調節し、粗挽きや細挽きのそば粉を自家製粉する。

手打ちは、全て毎朝店主が自ら仕上げる。「十割」は粗挽きと細挽きの粉を混ぜて細打ちにする。一人前生で150g。「ざる」は細挽き粉につなぎに国産の小麦粉を一割混ぜた九一そば。細からず太からず食感が良い。一人前生で140g。メニューに載せてないが「ザあらびき極」は一人前生で180gと大盛りで一日限定5食、当日の朝製粉した粗挽き粉を気合を入れて打つ。最近始めたばかりだが、これしか食べないお客さんがいるので、毎日必ず打つことにしているという。生そばは木製の箱(生船《なまぶね》)に入れて冷蔵庫で保存する。

つゆは辛目。松本市のしょう油店へ特注のしょう油とみりんと氷糖蜜から作る本返しを1~2週間室温で熟成する。だしは辛汁用に本枯れ節から取り、返しと合わせてから1週間冷蔵庫に保存してから使う。

日・祭日を除く平日昼の「昼御膳」1600円は特に女性客に人気が高い。高速料金を払っても行く値打ちのあるそば店である。ドライブを兼ねて出かけてみては。

客から一言

「そばは美味しくて値打ちです」

■アクセス■

[車] 知多半島道路大府東海ICを出て、国道155号を右へ約2km先の半月町1丁目東を右折、次の交差点を右へ。

[鉄道] 東海道本線「大府」駅より「東海市」行き知多バスで「東半月」下車。

そばを打つ

（一心　2010年9月撮影）

①木鉢で水回し。

②水回し。

③まとめ・くくり。

④そば玉の縁を押し広げる（かがみ出し）。

⑤延し（角出し）。

⑥延し（四つ出し）。

⑦延し（畳み）。

⑧包丁切り。

⑨打粉をはらう、計量。

⑩一人前ずつ分けて容器へ。

岐阜の蕎麦処

井ざわ

美味・健康にこだわった古民家そば店

●多治見市

岐阜県の美濃の東、すなわち東濃に位置する多治見市は陶の郷として全国にその名を馳せているが、さらに市内を流れる土岐川で捕れるうなぎを料理するうなぎ屋が多いことでも知られている。その中で「澤千」は創業明治34年、今年で百十年の歴史を誇る名だたるうなぎ店の老舗である。

陶器の街の古民家にそば店が

10年程前、三代目当主井澤和彦氏が街並みの活性化に協力すべく、店の筋向かいにあった名古屋の有名百貨店の多治見出張所が撤退した後の築130余年の古民家を借り受け、改造を施し、健康志向の観点からそば処「井ざわ」を開店した。平成12年4月であった。現在この通りは390mに渡って陶器の町に相応しく「本町オリベストリート」と名づけられレトロな雰囲気を醸し出している。

そば店の二代目店長高橋邦幸氏（35歳）は長野県の高校から東京の調理師専門学校に進み、1年間調理一般を学び、中華を専攻した。卒業後千葉県木更津市のホテルの中華レストランに5年間勤務し腕を磨いた。そこで和食部門で働いていた「澤千」の四代目と知り合い、多治見の「井ざわ」に来ないかと誘われた。

中華からそばへの転身

そばは中華とは畑違いだが異分野へ挑戦するチャンスと考え決心した。もともとそばは好きで、千葉ではそばを食べ歩いていた。早速多治見へ移り、名古屋のそば打ち名人のところへ通い集中して手打ちの基本を教わった。

手臼粗挽きそば

data

岐阜県多治見市本町 5-22
TEL.0572-25-6668
休日：火、月（月に 1、2 回）
営業時間：11 時 30 分～ 15 時、11 時～ 15 時（土・日・祝）、17 時～ 22 時（水～土）、17 時～ 21 時（日・月）
メニュー：手臼粗挽きそば 1050 円、ざるそば 840 円、とろろそば 1155 円、鴨ざるそば 1260 円、海老天ざる 1575 円、かけそば 840 円　他
席数：51　20（テーブル席）24（小上がり）他
駐車場：15 台

あとは多治見の店で実践を重ねた。ホテルレストランでの5年間にわたる経験が大いに役立ったことはいうまでもない。他の料理一般はお手のものである。かくして平成13年8月から「井ざわ」の店長に就任し今日に至っている。

国内産の玄そばを殻ごと粗く挽いた「挽きぐるみ」を製粉会社から取り寄せ、さらに店内で電動石臼製粉機で細挽きにする。一日限定15食の十割「手臼粗挽きそば」のそば粉は、店長自ら店が終わってから玄そばを小型の石臼を使って手で挽く。粗挽きにするので手打ちに気を遣うがそばの香りが違うという。十割そばは専ら店長の受け持ち、細打ちで少々殻が混じるので黒っぽい。一人前生そばで140～150g。十割以外も全て手打ちで二八そばである。生そばの量はそれぞれ130gである。そば粉の質が良くないと手打ちで苦労することがあるという。

しょう油・みりん・氷糖蜜で作る本返しにこくを出すために少々たまりを加える。これを陶器の瓶に入れ1ヵ月程室温で保存熟成する。本枯れ節を削り、宗田節、昆布等を加えてだしをとり、返しと合せで冷蔵庫で保存する。そばつゆ（辛汁）は辛口だが女性客の好みに合せて軽くしている。

そば湯はそば粉を少しばかり加えるが、さほど濃くなくつゆとの調和が良く旨い。

店長のおすすめは「海老天ざる」である。

客から一言

「古民家で味わうそばは格別です」

■アクセス■

［車］国道19号上山町を南へ、記念橋を渡り2つ目の信号本町6を右折。

［バス］JR「多治見」駅前より東鉄バスで「本町5丁目」、市バスで「本町5・創造館」下車。

創業一一二年、東海きっての老舗店

恵比寿《えびす》本店

●高山市

百年を超えて続く飛騨そばの名店

創業明治31年というから、平成22年で112年になる。飛騨そばの老舗としての歴史の長さに驚かされる。おそらく、東海三県で最古のそば店ではなかろうか。

明治31年、初代伊藤周太郎氏がここ高山の中心地、上二之町の現在地にそば店「恵比寿本店」を開いてから四代目になる。

私が初めてこの店を訪れたのは、昭和58年のことである。当時三代目の伊藤和雄氏が当主で、若輩の私を心からもてなしてくださり、ご夫人同席で延々3時間に渡って、飛騨そばについて熱く語ってくれたのであった。

時は過ぎて、平成21年12月、本式に取材をと申し入れて高山に出かけた、その朝、三代目死去の知らせをお店の前で知らされたのである。なぜもう少し前に来られなかったのか、と悔やんだことか。

四代目の健一氏はすでに平成9年に若くして亡くなり、その夫人圭子さんが後を継がれていた。あらためて、お話をうかがったが、すべて昔（昭和58年）と変わらず、三代目のやりかたをそのまま続けているとのことである。変えると、お客さんから指摘されるとのことであった。

三代目と四代目を支えてきたそば職人が、藤本俊明氏（58歳）である。21歳のときから「恵比寿本店」でそば打ちを続けて37年、今は釜前（そばを茹でる）も受け持つ。

ざるそば

data

高山市上二之町46
TEL.0577-32-0209
休日：水
営業時間：10時～17時30分
メニュー：ざるそば 830円、天ぷらざる 1350円、天ざる 1580円、鴨なんばん（冬季限定）1580円、山菜そば 1200円、松茸そば（秋季限定）1580円、
席数：68（1階 48、2階 20）
駐車場：3台（南隣の平田酒造の駐車場）
西店：花川町　駅前通り（Tel:0577-33-3366）
南店：神明町　中橋川端（Tel:0577-35-0555）

恵比寿伝統の手打ちを頑固に守る

そば粉は、中国産を除いて、地元飛騨産を中心に、北海道産ときにはカナダ産の良質な玄そばを高山市内の製粉会社で挽いたものを仕入れる。前日に注文し、翌朝届いた細挽きのそば粉を7・5小麦粉を2・5の割合で手打ちにする。毎朝、先ず6kgのそば玉を打って約40人前の生そばを仕上げる。一人前生で凡そ150g、中太打ちである。

三代目の方針は、家族で来て、皆が食べて、払える金額であった。そばをできるだけ安くし、家族の好みも考えてうどんも用意した。かつて、十割そばも試みたが、あくまで、つなぎを加えた従来通りのそばを続けた。

三代目は元々精進料理の出身、漆器にもこだわりがあった。店で使う盆、そば猪口《ちょく》、湯桶等は敢えて隣の長野の木曾漆器で取り揃えた。木曾漆器は高価だが、重みがあり、丈夫だという。現在も補充したり、塗り直したりして使っている。

つゆは、しょう油、みりん、砂糖を合わせた本返しに、宗田節、むろあじ、うるめいわしでとった出しを加えて作る。少々辛口だが、最近観光客のお客さんが、辛いと言うのでみりんの量を増やしたという。

天ぷらは先代からの方針で、どんなに忙しくても、揚げたてを出すようにしている。

本店のほか、「西店」と「南店」があり、どちらかが休みでも、他の店が開いているので、食べ損なう心配はない。

客から一言

「高山へ来たら、恵比寿の飛騨そばを味わってみては」

消えた〝美濃そば〟の復活にかける

吉照庵《きっしょうあん》

●岐阜市

美濃そばを復活する

昭和50年、岐阜市でカニ料理店「ひら井」を営んでいた、平井照二氏（平成21年7月没）には大きな夢があった。それは絶えていた「美濃そば」の復活であった。

そこで、彼は県農業試験場（当時）と共同で、岐阜市の山奥の揖斐郡坂内村（現揖斐川町）の農家に依頼して、旨い玄そばの栽培に乗り出したのである。良質のそばの種子を使って試験栽培を試み、3年かかって旨い玄そばの栽培に成功した。

このそばを使って本格的にそば専門店「吉照庵」を開店したのが昭和55年7月であった。場所は「ひら井」の南二軒隣の旧日下部邸であった。この建物は、明治から大正にかけて海運王として財をなした日下部久太郎氏が明治年間に建設した邸宅で、その台所と一部座敷を借り受け、そば店に改装した。

さらに昭和57年には敷地内の小屋で、玄そばを、石抜き・磨き・脱皮した後の丸抜きを電動石臼製粉機で、手打ちでつながるぎりぎりまで粗く挽き、のど越しの良いそば粉を作り上げた。

粗挽き粉を十割で打つ

そばは長良川の伏流水を井戸から汲み上げた水を使い、つなぎを一切加えず、腕扱《うでこ》きの三代目そば打ち職人（大塚店長）が毎朝手打ちにする。打ち上がったそばは一人前（せいろ二段、150g）ずつ手でさわらず、包丁のみねで丁寧にアルミホイルに取って、冷蔵庫に保存するという細かい心配りをしている。

せいろ二段

かえしを入れた瓶

data

岐阜市米屋町25
TEL.058-265-3608
休日:月（祝日の場合は翌日休）
営業時間：11時～15時、17時～20時
メニュー：せいろ二段 900円、天ぷらせいろ二段　大海老 1900円、小海老 1450円、鴨せいろ二段 1450円、おろしそば 950円、かけそば 850円、にしんそば 1450円（季節限定）、あゆそば約1900円（季節限定）　他
席数：1階 30、2階料理店の席を使える。
駐車場：25台

現在、玄そばは、福井県丸岡町産と茨城県産の常陸秋そばを購入し製粉している。

そばは粗挽き特有の甘さと香りがあり、細打ちで独特の粘りを感じる。

つゆは辛口でそばに良く合っている。おすすめメニューは、まず「せいろ二段」。昭和63年、ぎふ中部未来博の折に来店された浩宮さまが、せいろを二段もお代わりし、計三段召し上がられた逸品である。

それと、4、5年前から、夏季限定（7・8月）で出す「あゆそば」は、だし汁とあゆだしを合わせた長良川の天然あゆ入りのそばである。

「天ぷらせいろ二段」の大海老の天ぷらは皿いっぱいの大きさでびっくりした記憶がある。

因《ちな》みに「吉照庵」の名前の由来は、創業者平井照二氏の名とその夫人の旧姓から一字ずつ取ったもので、二人で作った店という気持ちが込められているという。

なお、旧日下部邸の「吉照庵」は平成18年10月に北二軒隣りの「ひら井」ビルの1階に移転した。かくして、「吉照庵」は平成22年ではや創業30年を迎え、今や岐阜県のみならず中部地方でのそば専門店として確たる地位を築いたといえよう。

創業者、照二氏亡きあと、ご長男の平井良樹氏（昭和35年生まれ）が二代目当主として立派に職務を果たしておられる。

客から一言

「遠くても一度は行ってみたいお店です」

■アクセス■

［車］市内、国道256号を北へ。本町3の次の信号交差点を越え、次の筋を右折（一方通行）する。

［バス］バス停「JR岐阜」か「名鉄岐阜」より、「岐阜乗合高富」行き等に乗車。「伊奈波通」で降り、徒歩約5分。

寿《じゅ》玄《げん》

夫婦で修業、古い農家で味わう硬打ちそば

●大垣市

大垣市の中心から西へ少し離れた町外れを流れる杭瀬川は、夏にはホタルが飛び交うことで有名な川である。その川に沿った一帯は、昔から梨などの果樹園が多かった。その中で、1000坪もの農地の真ん中に家屋を建てる、昔風の典型的な農家の一つが奥田家であった。

築一四〇年の農家の家屋をそば屋に

四代目の当主、奥田博之氏（65歳）は明治3年に建てられた自宅の玄関の次の間を改装し、畳を入れて座敷造りにし、そば店を開店した。平成12年4月のことである。

家の前の柿畑をつぶして駐車場を用意した。駐車場の端に「蕎麦茶寮寿玄」と書かれた小さな看板があるだけで、一見してそば店とはわからない。門をくぐり母屋のほうへ向かっていくと、扉のところに小さく「商い中」の表札が掛かっているだけである。変わったそば屋であることは間違いない。

しかし、そばはきわめてスタンダード。そば打ちの修業で硬打ちの経験があるだけに腰のしっかりしたそばを出してくれる。

店主、奥田氏は大学を出た後、当地で友人に誘われて、土木や建築の基礎工事で地中に埋め込む杭（パイルという）のメーカーに入り、パイルの施工管理の仕事に携わった。50歳近くになって、奥さんが現場の危険な作業を心配し、何か二人で一緒にやれる仕事をということになった。

たまたま長野市の善光寺の門前のそば屋で食べたそばは色も風味も違っていて旨かった。

盛りそば

data

岐阜県大垣市南若森町780
TEL.0584-78-3551
休日：日･月
営業時間：11時30分～14時
メニュー：盛りそば 735円、汁なしそば 500円、とろろそば 840円、かけそば 735円、そばがき 635円、そばセット 1200円　他
席数：16
駐車場：6台

一つそばを勉強してみようということで、北海道を手始めに全国のそばの名店を訪れそばを食べ歩いた。移動はもっぱら愛車のSUV車。どんな山奥へも行けたし、寝泊りも自由だった。多くの体験を通じて、そばなら楽しみながら仕事としてやっていけそうだと確信した。

早速長野県のそば店に出かけて、手打ちを習った。その後、名古屋のそば打ち名人のところへ二人で通い、彼はそば打ちを、奥さんは料理を修業した。

石臼手挽き手打ちのこだわりそば

玄そばと丸抜きを福島県のそば農家から直接購入。玄そばは「挽きぐるみ」にして「田舎そば」に、丸抜きは玄そばと混ぜて粗挽きにし「盛りそば」などに使う。手挽きは彼のこだわり。手打ちはいろいろ試みた結果、二八よりさらにつなぎを少なくするために、そば粉10に対し小麦粉2のいわゆる「外二」に決めた。手打ちにもこだわり、水の量を少なめにして硬く打つので力がいる。そばは細打ち歯ごたえ十分である。十割は会席料理で打つことはあるが、一般のメニューでは保存がきかないので無理だという。つゆは濃くて辛口だが香りが実に良い。地元産のしょう油にたまりを少し足した本返しを半年程熟成する。

奥田夫妻にとっては二人で一緒にやれる仕事をという夢が叶えられた転身であった。

静かな雰囲気でそばを味わい、ひと時を過ごす絶好な穴場である。

客から一言

「町外れの古民家でこだわりのそばを」

■アクセス■

［車］名神高速大垣ICを出て北へ、または国道21号楽田町を南へ、国道258号禾森交差点を西へ、久瀬川町4を南へ500m。

［バス］JR「大垣」駅前から名阪近鉄の静里経由バスに乗り（10分）、「久瀬川四丁目」下車、南へ徒歩7分。

助六●関市

町の繁盛食堂をそば一本の店に

昭和30年、関市で先代が開店しためん処「助六」はうどん、そば、中華そばはもとより丼ものも出していた町の食堂であった。特に中華そばが絶品で大いに繁盛していた。

二代目小林明氏はその昭和30年小林家の長男として生まれた。京都の大学へ進学し、アルバイトで京都市内の著名なうどん・そば店で主にうどんの手打ちを経験した。卒業と同時に請われてその店に就職、その間、休日に各地のそばを食べ歩きそばの味を知った。

2年足らずでこの店を辞し、岐阜県高山市の昭和8年創業の飛騨そばの老舗の門を叩き、住み込みで朝8時から深夜までそば粉の石臼挽きとそば打ちを修業した。1年半程経ったとき、父が病で倒れたため帰省、老齢の母一人に店を任せるわけにゆかず家業を継ぐことになった。

やがて病も回復した父を助け「助六」を手伝った。

町の食堂からそば専門店への変身

昭和60年店舗の改装に合わせ二代目を継いだ。同時に両親らの反対を押し切って中華そばを止め手打ちそばを始めた。さらに2年後、そば専門店「そばきり萬屋町助六」と看板を書き換えた。

その頃から、岐阜県板取村（現関市板取）へ通いそば栽培を体験。その縁で平成7年に同村出身の妻みちるさんと結婚。翌年から二人で東京・千葉・静岡などのそばの有名店を訪れ、最前線のそば店を見て回った。

彼にとってショックは大きかった。

ざるそば

data

岐阜県関市本町8-27
TEL.0575-22-2526
休日：金（不定休あり）
営業時間：11時30分～16時（売り切れ終い）
メニュー：ざるそば 800円、田舎そば 900円、おろしそば 1000円、かけそば 800円、冷かけ 900円、ごぼ天おろし 1500円、にしんそば 1600円　他
夜は一日限定一組 5000円
席数：24
駐車場：6（店の北）

石臼挽き自家製粉に踏み切る

彼はそれまで旧来のやり方でそば製粉店からそば粉を購入し、九一そばを打っていたが、もっと旨いそばを作り、お客さんに喜んでもらいたいとの思いから、電動石臼製粉機を導入、自家製粉に踏み切った。かくして、そばきり「助六」の方向性が決まった。彼41歳であった。

玄そばは岐阜県の奥美濃と飛騨の契約そば農家から一括買い上げ、11月から3月までは室温でそれ以降は冷蔵庫で保存する。そば農家とは5年から10年の付き合いという。

玄そばを磨き・石抜き・粒揃え・脱皮した丸抜きを、自宅で夜2〜3時間かけて石臼製粉機で粗挽きと細挽きのそば粉にする。

そば打ちは毎朝6時半から8時まで、その日の分を仕上げる。十割の「ざるそば」は生で120〜130g。つなぎの小麦粉を1割程加えた「田舎そば」も同じく120〜130gである。

そばは竹ざる（上げざる）の中で湯がき、めんに負担がかからぬようにするという。つゆは少し辛口。本返しは、濃い口しょう油と砂糖を最低1カ月間熟成。だしは宗田、さば、かつおの本節、うるめから取る。辛汁は本返しとだしを合わせてから冷蔵庫で4〜5日間置く。

高級そば店じゃなく、フラッと入れる庶民的な町場のそば屋が目標と二代目は言う。

客から一言

「そばにこだわりのあるお店です」

■アクセス■

［車］東海北陸自動車道関ＩＣを出て、県道17号を北へ。「栄町４」交差点を右折、約１・２㎞北側。

豪州のレストラン・シェフから転身

山《やま》久《きゅう》

●関市

手打ち蕎麦と和食の店「山久」の当主、小瀬木周司氏（55歳）の実家は祖父夫妻が大正2年に開いた洋食店「山久」。二代目の父が後を継ぎ洋食と和食の店を商っていた。

彼は地元の高校から東京の大学の英語科を卒業後、さる著名な茶懐石の店で修業し、故郷へ帰り父の店で8年間経験を積んだ。平成元年オーストラリアへ渡り、シドニーでシーフード・レストランの店長を3年間務めた。

豪州で修業、バイリンガルのそば打ち師

その後当地で和食の出張料理をしていたときに、たまたま知り合いの大学教授に勧められシドニー市内の手打ちうどん・そば店で働くことになった。そこで3年半店主の指導の下でそば打ちを習得した。

当時オーストラリアでは健康に良いとされる日本食がブームであった。天丼に盛りそばまたはかけそばのセットが千円位で大ヒット、他にすし、てんぷら、卵焼き等の前菜も人気があった。ご当地のタスマニア・サーモンの「うら巻きすし」は、黒いのりが好かれないので、サランラップの上にごはんを広げ、その上にのり、そしてサーモンをのせて巻いたものだが豪州人に好まれた。

しかし、平成11年の暮れに父が病に伏すとの知らせに、急きょ帰国、家業に復帰した。

冷やし天おろし

data

岐阜県関市西町15
TEL.0575-22-0128
休日：火、水
営業時間：昼席　11時30分～14時30分
メニュー：もりそば 800円、えび天もり1300円、えび天そば 1300円、かけそば750円、そばがき 600円　他
夜席：おまかせ料理 4000円より
席数：16（椅子）、16（座敷）
駐車場：4台（店の東中部電力関営業所の隣）

そばと和食で国際交流

2年後の平成14年、旧店舗を改装し「手打ち蕎麦レストラン山久」を開店した。同時にそば教室と和食料理教室を併設したところ、英語が話せる料理人として評判を呼び、外国のご婦人達が多く参加した。彼が目指した日本料理を通じた国際交流は、引き続き健在である。

さて、肝心のそばについては、北海道幌加内町《ほろかない》産の玄そばを年間通じて確保し、名古屋のそば製粉会社から毎週宅急便で送られてくるそば粉を店内で室温保存する。

そばは全て手打ち、修業先の師匠直伝の二八そばである。細打ちで腰がある。一人前生で170gと量は十分である。が、これには訳があって、学生時代の友人が来店し彼のそばを食べて、千葉県の某そば屋は旨い上に量が多い。お前のところももっとそばを増やせと注文がついたという。

毎朝1時間程かけてそばを打つが、「そばを打って15年、まだまだ、20年やらないと一人前ではない」と謙虚である。とは言いながら、平成22年11月岐阜市で開かれた県調理技術コンテストの麺部門で、地元のゆずを使った柚子切り（そば）の献立を出品し、初出場で会長賞を受賞するなどその腕とセンスは誰もが認めるところである。

当主のお勧めは「もりそば」。お客さんの人気は「えび天丼ともりそば」。他に地元の食材を使った「鳥せいろ」が旨い。鴨では高くつくので、店の向かいの「かしわ」屋から新鮮な鳥のもも肉を仕入れて作る逸品である。

築100年の町屋風家屋の離れの「大正庵」での懐石料理も是非味わいたいものである。

客から一言

「海外でも有名なそば屋さんです」

■アクセス■

［鉄道］高山本線美濃太田駅から長良川鉄道越美南線関口駅より徒歩約5分

［車］東海北陸道関ＩＣを出て県道17号を北へ「栄町4」を右折し約2・4㎞右側。

〝三たて〟にこだわる飛騨のそば職人

東山●高山市

高山の旧市街はそう広くはない。徒歩約20分でどこへでも行ける程である。その東詰めには寺が多く連なり、この辺りを京都の東山になぞらえて「東山寺院群」と呼んでいる。町の東西を走る安川通りの突き当たりの北側にそば処「東山」がある。

昭和49年の創業であるから、比較的新しいお店である。初代田近博氏（74歳）は元々そばが好きで、各地のそばを食べ歩いた。とくに、東京・上野の「やぶそば」に客として通い、手打ちに魅せられたという。そして高山市内の現在地にあった家を改造して、そば店を開店したというわけである。

特にそばの修業をしたわけではなく、自己流で始めたが、6年後の昭和55年には電動石臼製粉機を導入し、自家製粉に踏み切った。

そば栽培を、たった一人で二十余年

昭和60年、最愛の奥さんを亡くしたのを契機に、一念発起してそばの栽培を始めた。

農業はずぶの素人、しかもたった一人で、飛騨（現高山市・飛騨市）の田畑を借り、土・日を使ってのそば作りであった。少ないところで三反（1反は300坪）、多いところでは7町にも達した。失敗もあったが成功の喜びも味わった。昭和61年から平成19年まで約22年、計5カ所でそばを栽培、その間トラクター2台・コンバイン（収穫機）1台を揃えた。

困ったことは、土地がなかなか借りられなかったのと、雑草のためにそばがうまく育たなかったこと。米の育たぬようなやせた田畑では、そばも育たぬことも経験した。そして最大の教訓は、そば栽培は一人では無理、相当の人手が必要であることであった。

天せいろ一枚

data

住所：高山市若達町1-6-3
TEL.0577-33-0065
休日：水
営業時間：11時～14時30分
メニュー：せいろ一枚 650円、二枚 1100円、天せいろ一枚 1350円、二枚 1800円、田舎そば 700円、えび天そば 1100円　他
席数：38
駐車場：店前3台、第2駐車場7台、第3駐車場（マイクロバス用）1台

挽きたて・打ちたて・茹でたてにこだわる

　初代は、目下製粉に専念。毎日、店が終わると翌日分のそば粉を挽く。丸抜きの細挽き粉はご自慢の上質粉である。これが「せいろ」になる。

　そばは二八の手打ち。25年前に、二代目英一氏（50歳）にそば打ちの席をゆずった。

　そばは中太打ち、めんの腰と風味が味わえるというだけあって、硬くて旨い。一人前生で150gである。自家製粉なくして〝三たて〟は成り立たない。挽きたてのそば粉であれば、十割そばもと水を向けたが、やる気はないとのことであった。

せいろ

　玄そばは、北海道産のほか地元飛騨産特に山之村（現飛騨市神岡町の五集落の通称）産を目玉にしている。

　せいろのつゆはしょう油、みりんと白ざらめから作った返しに、かつおの本枯れ節と昆布等でとった出しを合わせて作る。これを3日程ねかすと出しの香りは抜けるが、味が良くなりこくが出る。少々辛口である。

　この店の天ぷらは材料が良く、しかも量が多くお勧め。

　街の中心から少し離れているが、それが幸いして、専用駐車場を10台も用意できてお客さんに喜んでもらっている。

客から一言
「せいろが旨いです」

仲《なか》佐《さ》

ソバ栽培から鰹節まで…そば高級店のこだわり

●下呂市

東海地区で一番高いそば屋さんですよと言って紹介されたのが、下呂市の「仲佐」であった。出かけて行って、渡された名刺に「蕎麦打ち師」とあってびっくりした。が、当主、中林新一氏（53歳）の経歴を知って納得した。

彼は、栃木県の出身、東京で普茶料理（中国の精進料理）店で11間年修業した後、高山市の老舗料亭「角正」で12年間修業、当主角竹邦雄氏よりそばの手打ちの指導を受けた。

平成7年下呂市のすし・割烹「仲佐」に縁あって婿入りし、結婚と同時に蕎麦料理店「仲佐」を開店した。平成22年で15年になる。

そば農家と二十年を超えて交流

そば打ちを始めてそば栽培に興味を覚えた彼は、休日を使って岐阜県や長野県のそば畑を見て回った。そして長野県旧安曇郡安曇村稲核《いねこき》（現松本市安曇）のそば農家を知り、稲核在来種の小粒の玄そばの素晴らしい味にほれ込んで、以来二代20年以上にわたって、この農家との交流を続けてきた。

現地に足しげく通い、種まきから収穫作業に汗を流し、そば作りに参加した。いまではお店のお客さんが二人も加わっている。

安曇で足りない玄そばは、岐阜県奥飛騨のそば農家と契約栽培により直接入手している。ともに破格の価格で購入。これは良質のそばを作ってくれる農家への感謝と励ましを込めた値段であると彼は言う。

手挽きざる

特注のかつお節削り器

data

下呂市森918-47
TEL.0576-25-2261
休日：水（祝日は除く、不定休あり）
営業時間：11時30分～15時（売り切れ仕舞い）。夜は蕎麦料理（要予約4名様より）
メニュー：蕎麦三昧 2000円、手挽きざる 1050円、ざる一枚追加 950円、冷しかけそば 1100円、天ざる 1800円、そばがき 1200円、蕎麦料理 5250円（要予約4名様より）
席数：25
駐車場：5台（向かいの駐車場）

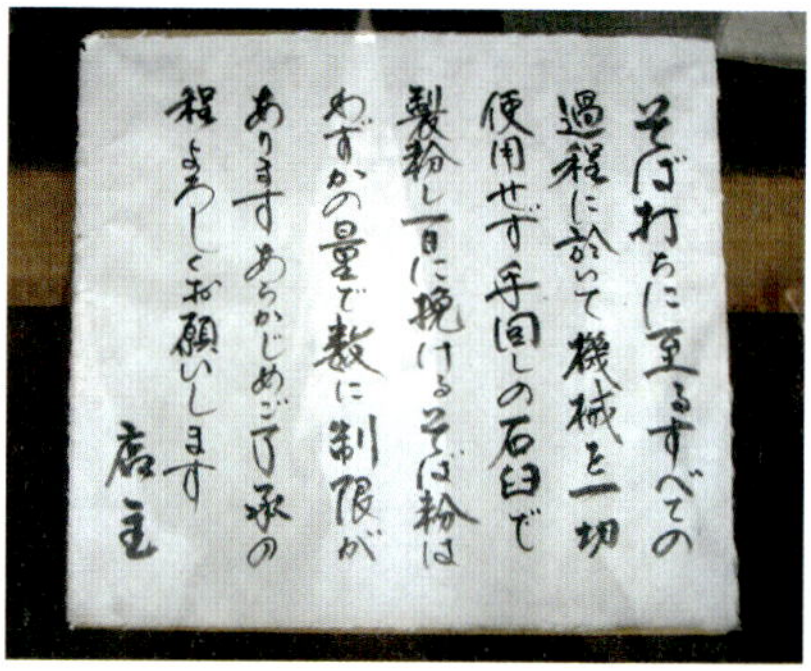
そば打ちに至るすべての
過程に於いて機械を一切
使用せず手回しの石臼で
製粉し一日に挽けるそば粉は
わずかの量で数に制限が
ありますあらかじめご了承の
程よろしくお願いします
店主

すべて手作業から生まれる、贅沢なそば

届いた玄そばは彼が自分で磨き・石抜きし保存する。製粉はすべて石臼の手挽き。毎日店が終わってから3時間程かけて挽く。挽きぐるみなので少々殻が混じるので粉は黒っぽくなる。それで、かつて「緑の「ふじおか」」、黒の「仲佐」」と紹介された。

そばは二八の手打ち。やや細目の硬打ちでもっちり感がある。つなぎの小麦粉の味が全くなく、むしろ十割の食感である。小麦粉については研究の末、国内産の特別なものにたどりついた。加えて、小麦粉の粘りが出ないよう短時間で打ち終わるように心がけているという。そばは一人前生で90gと少なめである。

みりんは使わず、たまりに昆布を加え3週間程熟成後、本枯れ節から取った出しと合わせる。ざるのつゆはさらに、15日から20日ねかせる。たまりを使うのでどちらかというと辛口である。

本枯れ節は血合い部分をけずり取り、特注のかつお節削り器で手作業で削る。ほとんど白い削り節である。この削り器は作業台に固定できるように脚がついている代物。刃を茨城県の知り合いの大工さんに月二回送って研いでもらう。そのため削り器を二台用意している。

現在、新一氏が一人で製粉・手打ち・釜前・天ぷら等の作業をこなしている。それにそば作りも加わるので大忙しの日々を送っている。

店は、奥さんと奥さんの姉さんの三人できりもりしている。

客から一言

「話の種に一度ご賞味あれ」

■アクセス■

[車] 国道41号を北へ。森交差点を左折。下呂市役所の南。

[JR] 高山本線「下呂」駅下車。徒歩約12分。

うどん文化の土地で自家製粉、手打ちのそばを

照久庵《しょうきゅうあん》

●恵那市

東濃の隠れた名店

恵那市の町外れ中津川へ通じる旧農道沿いに「照久庵」はある。開店した頃はまさに田んぼの中という感じであったが、今では車の往来も結構多くなった。

平成5年の開店から17年経ち、木製の大看板が腐ってきて危ないので、入り口の庇《ひさし》の上に固定した。そのため今は見えないが、立て看板が唯一の目印である。

ところで、恵那はどちらかといえばうどん文化の土地柄、同じ東濃でも中津川から北はそばの本場だといわれる。したがって、当初はそば専門店として始めたが、やがてお客さんの注文でうどんも用意することとなった。

店主、田口照久氏（59歳）はここ恵那市の出身、昭和45年に親戚の店を手伝うべく上京し、杉並区に移り住んだ。すぐ近くの有名そば店からしょっちゅう出前を取っていたが、ある日突然出前を止めたので、仕方なく店に出かけたところ、自家製粉を始めており、そばが抜群に旨くなっていてびっくりした。

これがきっかけで都内を中心にそばを食べ歩くようになった。さらにそば好きが高じて道具を揃え、自分でそばを打つようになった。

十年かけて手打ちを習得

手打ちの師匠はもっぱらそば打ち名人の本だったが、やがてくだんのそば店へ半年程通って指導を受けた。そして、ついに山梨県長坂の「翁」に住み込みで弟子入りし、製粉全般と二八そばの手打ちを修業した。

平成に入って、親戚が店を閉じたので恵那へ帰り、そば店の準備を始めた。土地勘のある兄弟に頼んだものの、町外れではあるが駐車場が十分にとれる条件で現在の土地を探すのに手間どった。

もりそば

data

岐阜県恵那市大井町2632-74
TEL.0573-25-7903
休日:火、第3水
営業時間：11時～15時（そばがなくなり次第終わり）
メニュー：もりそば 800円、おろしそば 900円、天ざるそば 1300円、かけそば 700円、山かけそば 900円、天ぷらそば 1200円　他
席数：30
駐車場: 12台

大工をしている義兄に店と住宅を隣り合わせで建ててもらうのに、あわせて4年を費やした。

自家製粉にこだわり 手打ちにこだわる

開店に合わせて電動石臼製粉機を始め機械を一式導入し、玄そばから自前のそば粉を自家製粉することにした。玄そばは茨城産の常陸秋そばと福井産を一括買い上げる。真空パックの玄そばを低温で保存、必要に応じて丸抜きにして、再び低温保存する。

店の仕事と並行して、翌日分を丸抜きから機械挽きし細挽き粉と甘皮を挽き込んだ粗挽き粉を混ぜ合わせる。これとは別に殻を潰した粉を少量加えることでめんに星を入れる。

手打ちは朝6時から、春から秋にかけて土・日の忙しいときは早朝3時から始めることもあるという。そば粉95に小麦粉5の割合で打つ。「もりそば」は確かに十割ののど越しで、粗挽き石臼手挽きに優るとも劣らない旨さがある。かつて十割そばを出したこともあるが十割だと言ったことはないと店主は言う。「もりそば」を誉《ほ》めるお客さんは多いと思う。冷たいそばは生で一人前170～180g、温かいそばは150～160gで十分な量である。

つゆは辛口。本返しや出しの材料にもとことんこだわっている。

客から一言

「そばは絶品、わざわざ出かける価値あり」

■アクセス■

［車］中央道恵那IC出て左折、すぐ恵那IC北を右折、県道72号を進み長島西を右折、恵那峡口を東へ「恵那川上屋」の東隣。ICより3・3㎞、5分。

［JR］中央本線恵那駅前から東鉄バスで「土々ケ根」下車。徒歩10分。

釜前

（名古屋やぶ　1994年11月撮影）

①ほぐし（生そばを釜へ）

②（釜）茹で

③釜あげ（ざるにとる）

④つら水

⑤洗い

⑥化粧水

⑦水切り、盛り込み

⑧盛り付け

■コラム

挽きたて、打ちたて、茹でたてに異議あり！

挽きたて

良質の玄そばにこだわり、粗挽き粉を手打ちにし、十割のそばを目指すのであれば、自家製粉し挽きたてのそば粉を使うにかぎる。ただし、そのためには製粉機等への投資と場所の確保の他に専任者か分担してくれるそば職人が必要になる。

丸抜きからの製粉であれば、小型の製粉機と篩で挽きたてのそば粉が手に入る。夫婦二人とパートの小規模な店なら電動石臼製粉機を導入すれば、店主が厨房の仕事をこなしながら、翌日分のそば粉を挽くことができる。しかし一日一〇〇食を越すそばが出る大規模そば店となると、複数の打ち手が頑張るしかない。これも、そば粉を細挽きにすれば手打ちは少々楽になる。

挽きたてのそば粉は二、三日経っても、しかるべき手打ちの技術と経験があれば工夫しだいで十割そばは打てる。

ところで、十割そばにこだわらず、つなぎに小麦粉を使い二八か七三でよいとなれば事態は変わる。手打ちはかなり楽になり、小麦粉の力でそばはうまくつながり、生そばの保存も楽になる。七三であれば製麺機にかけることも可能になる。そばは二八が良いという意見もある。そば粉は冷凍保存すれば、数年経ってもつなぎを使えば立派に打てる。

製粉会社からそば粉を取り寄せているそば店は、毎日毎日挽きたてのそば粉を取るのではなく、週一回というところが多い。とすると、挽きたてに、さほどこだわることはないことになる。そば粉は十割にこだわらなければ、一週間以内に打てば良いのである。

打ちたて

打ちたてについては昔から異論があり、

「打ってから二〇分から三〇分置いてそば粉と水がなじんでから茹でるのが良い」、「打ちたてのそばは水分が多いので二、三時間置くと良い」、「打ってから四、五時間経ったそばを茹でると良い」、「朝一〇時に打ったそばは一五時頃茹でて食すのが良い」等々の意見があり、結論として、打ってすぐではなく、しばらく置いて、そばが水となじんでから茹でるのが良いという点では一致している。

茹でたて

そばは茹でたてにかぎるのは大方の意見である。そばは茹でて少し経った頃が旨いと言ったご仁がいたが、これは誤りである。取材したあるそば店で、そばは五分以内に食べるよう意見されたが、これは正しい。

そばは挽きたて、打ちたて、茹でたてにかぎるという言い伝えは、茹でたてを除いて異論のあるところである。

三重の蕎麦処

自然農法、地産地消のそばの味

老梅庵《ろうばいあん》

●四日市市

そば処「老梅庵」は昭和61年の開店というから、24年になる。三重県でそば専門店として20年を超えて継続しているお店は数少ない。三重県のみならず、全国のそばファンのために、旨いそばをずっと提供し続けてほしい。

三重県では今や老舗に近づく

店主の堀木英司氏（48歳）は集中的にそば店で修業したことはないが、独学でそばを打ち、24歳のとき現在地でそば店を開いた。同時に、約2年半の間栃木県のそば打ち名人に来店願ってそば打ちの指導を受けた。

当初は製粉会社からそば粉を取り寄せ、二八そばを打っていたが、もっと旨いそばをとの思いから、自分で玄そばや丸抜きからそば粉を挽いてそばを打ったところ、味と香りが全然違うそばに遭遇した。そして、思い切って十割そばへ切り替えた。やがて自家製粉へとなるのは自然のなりゆきであった。

次に、旨い玄そばを求めて長野、福島、茨城へ行き、そば農家から直接入手したりの試行錯誤を繰り返した結果得た結論は、「誰が作ったか分かった玄そばを自分が挽いてお客さんにお出しすればウソがない」であった。

地産の玄そばを自然農法で

10年程前から、津市の信頼できる農家の自然農法の畑で玄そばの栽培を委託してきた。

この玄そばは三重県の在来種でおそらく福井県の小粒種の系統と思われるが、色・香り・味、い

手挽きざる

data

三重県四日市市西新地 11-3 シティ堀木
TEL.059-351-9376
休日：火、第 3 月
営業時間：11 時～ 14 時、17 時 30 分～ 20 時 30 分
メニュー：（冷製）手挽きざる 1000 円（1 日限定 15 食）、生粋ざる 850 円、田舎ざる 850 円、冷やし紅梅 1260 円。（温製）かけそば 850 円、鴨南蛮そば 1430 円。コース「そば膳」要予約 3150 円～
席数：25
駐車場：4 台

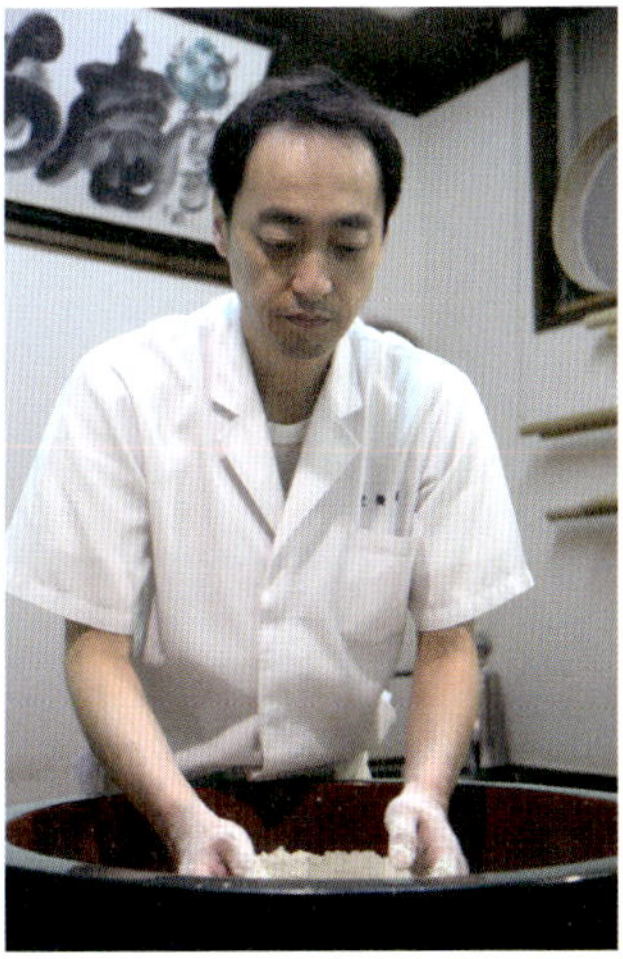

ずれも納得のゆく品質である。有機栽培ということもあって少々高くつくが何より安心が第一だという。

自家製粉は一部手挽き
残りは機械挽き

一日15食限定の「手挽きざる」の粉は毎朝石臼で挽きぐるみにする。つなぎ無しで打てる限界まで粗く挽く。機械挽きの「生粋ざる」用はやや白めの粗挽き、「田舎ざる」と「かけそば」用は殻ごと挽き込んだ黒めの細挽き。合計3種類のそば粉を挽き分けている。

そばは全て十割の手打ち。目玉の「手挽きざる」は毎朝店主が自ら打つ。細めんで腰が強く手挽き特有のもっちり感があり旨い。一人前生で160gである。残りは弟子二人と店主の三人が交代で、朝から晩まで必要に応じて手打ちにする。全員楽しみながら打つという。

堀木氏は経験から、生そばは打ってから30分から90分置いたほうが水分が浸透して良い。水分が蒸発してねばりが出る。粗挽きのときは特にそうだと言う。そばは昔から「挽きたて、打ちたて、茹でたて」というが、打ちたてにはいろいろ異論がありそうである。

「冷やし紅梅」は紀州の南高梅を使用、爽やかな酸味とヘルシーさが人気だという。一度試してみたいメニューである。

ざるのつゆはしっかり辛口である。たまり・みりん・ザラメで作る本返しを三種類用意し、ざるとかけで使い分ける。だしも二種類、ざるには本枯れ節、かけには宗田節を使う。つゆにはかなりこだわっている。

おすすめはもちろん「手挽きざる」である。

客から一言

「美味しい地産のそばが味わえるお店です」

■アクセス■近鉄名古屋線「四日市」駅より高架に沿って北へ徒歩約5分

三重のそば文化を開いた老舗

松尾《まつお》

●伊賀市

創業三十五年、三重の老舗

三重は、伊勢うどんに代表されるように、うどん文化圏である。昭和43年、私は三重県津市の大学に職を得て、30余年を過ごした。その間、これは旨いというそばに出会ったことはほとんどなかった。が、例外があった。「ふじおか」と「松尾」である。全国に名をはせた、そば店「ふじおか」が産声をあげたのが、三重の地松阪市で、昭和55年のことであった。松阪は藤岡氏の故郷で、たまたま縁があって、「ふじおか」開店の前日、一家で極上の手打ちそばをたらふくご馳走になった。「ふじおか」は9年足らずで信州・黒姫高原に移転した。そばが正しく評価されない土地柄であったことが移転の理由の一つではなかったかと思われる。

旧上野市にあったそば店「松尾」は、昭和50年の創業で、三重県下で最初のそば専門店。当時、そばだけで商売ができるのかと陰口をたたかれた。

戸隠に魅せられて

店主、松尾良信氏（56歳）は、関西の大学を1年で中退し上京、日本橋のそば店で働きだした。が、朝、大量の天ぷらを揚げてしまうなど、不信な点が多々あって、1週間で辞めた。そんなとき、たまたま近くの古本屋で200円の「そば物語」なる本の表紙の写真を見て、戸隠行きを決めた。戸隠中社《ちゅうしゃ》のそばの名店「うずら家」で修業の後、故郷に戻り、母親と二人で「松尾」開いた。この店は平成18年まで続いた。

平成10年、旧上野市の中心部から北東約4㎞の

ざるそば

data

三重県伊賀市千歳226-2
TEL.0595-22-0546
休日：水（不定休あり）
営業時間：11時～14時30分、18時～21時（土・日のみ）
メニュー：ざるそば 650円、（中盛）800円、（大盛）1050円、かけそば 650円、そばがき 700円、揚げそばがきあんかけ 700円　他
席数：35
駐車場：20台

300坪の敷地に、新しく「松尾」を新築オープンした。そばは二八から十割に変わった。

そば粉は従来通り、長野県戸隠の製粉会社から、地粉（戸隠産）を中心に中国、米国、カナダ産のものを取りよせている。旨くて打ちやすい粉が条件である。「吟醸《ぎんじょう》」と称してびっくりするほど高いそば粉があるが、旨くはなかった。一杯1000円のそばは出したくないと松尾氏は言う。

十割そばを安く

そば粉は細挽きと粗挽きの中間、60℃位の湯を加えて手打ちにする。細打ちである。つゆは少々甘口で軽く都会風である。自慢のざるそばは650円、生そば140gから150gと盛りがよく良心的。大食いの客のために、中盛、大盛が用意されているのもうれしい。そばが少々なめらかさに欠けるきらいがあるが、これは粉のせいかもしれない。そばがきも自慢の一品、一度賞味する価値がある。

彼は言う、そばの老舗とは三代50年続くことが条件。息子が引き継いでさらに20年やって「松尾」もやっと仲間入りができると。幸い、長男が大学を出て、昨年からかつて父が学んだ戸隠の店でそばの修業に励んでいる。

一方、「松尾」で修行した弟子達が、現在独立してそば屋を営んでいる。三重県下で三軒、京都と奈良でそれぞれ一軒ずつ。しかし、今は弟子の入門を断っている。そば打ちから厨房での作業を手際よく一人でこなしている。

客から一言

「十割そばが、こんなに安く食べられるなんて、わざわざ出かける価値があります」

■アクセス■

［車］名阪国道（25号）伊賀一之宮を出て北へ約2分。松原交差点の手前を右へ。

［JR］関西本線「佐那具」駅下車。徒歩約15分。

名古屋市

正《しょう》衛《えい》

名古屋市瑞穂区北原町 3-3
フェリース北原 1F
TEL.052－842－0911
【休日】火
【営業時間】11 時 30 分～ 14 時 30 分、17 時 30 分～ 21 時 30 分
【メニュー】
「田舎蕎麦」生粉打ち十割せいろ
800 円（写真）
「御膳蕎麦」 さらしなせいろ 800 円
「江戸蕎麦」 せいろ（二八） 700 円
江戸かけそば 600 円
【駐車場】12 台
江戸そばを標榜する。

名古屋市

狸《たぬき》囃《ばやし》

名古屋市中村区那古野 1-38-19
リバーサイド East1F
TEL.052-563-1311
【休日】土・日・祝
【営業時間】11 時 30 分～ 14 時、18 時～ 22 時 30 分
【メニュー】
もりそば 600 円
ざるそば 700 円(大盛も同じ値段、写真)
天ざる 1300 円
おろしそば 750 円
かけそば 600 円
【駐車場】1
蕎麦粉屋の直営店。

名古屋市

千種《ちくさ》豊月《ほうげつ》

名古屋市千種区豊年町 15-19
TEL.052-711-3588
【休日】水
【営業時間】11 時～ 15 時、17 時～ 20 時（日・祝：11 時～ 20 時）
【メニュー】
生粉打せいろ　800 円
天せいろ　1900 円（写真）
かけそば　600 円
山かけ　900 円
【駐車場】22 台

真っ白い更科そば。

名古屋市

もとき松坂屋店

名古屋市中区栄 3-16-1
松坂屋名古屋店北館 B1F
TEL.052-242-1603
【休日】無
【営業時間】11 時～ 21 時
【メニュー】
もりそば　750 円
ざるそば　850 円（写真）
天ざるそば　1850 円
天ぷらそば　1300 円
駐車場：あり（デパートの駐車場利用）

本場松本の更科そば。

名古屋市

やぶ福　本店

名古屋市中区錦 3-9-17
TEL.052-951-3721
【休日】日・祝　(土曜日不定休)
【営業時間】11 時～ 15 時、
17 時～ 20 時
【メニュー】
ざるそば　550 円
ざるそば大盛り　750 円（写真）
おろしそば（普）　550 円
えびおろし（普）　700 円
【駐車場】なし

うどん、きしめんあり。

名古屋市昭和区

菊《きく》園《その》

名古屋市昭和区菊園 6-25
TEL.052-853-0253
【休日】金
【営業時間】11 時～ 15 時、
17 時～ 21 時 30 分
【メニュー】
ざるそば　750 円
天ざる　1600 円
磯おろしそば　850 円
かけそば　550 円
天ぷらそば　900 円
【駐車場】5 台（店の南）

昭和 33 年創業の古い店、うどん・きしめん・定食・丼もあり。

愛知県長久手町

玄《げん》寿《じゅ》

愛知県愛知郡長久手町大字熊張
字中井 2176-4
TEL.0561-63-8860
【休日】月
【営業時間】11時～16時
　　　　（売り切れ次第終了）
【メニュー】
「冷たい十割」
　　もりそば（黒・白）　1000円
　　　　　　　（写真は「白」）
おろしそば（辛味大根）　1260円
とろろそば（大和芋）　1370円
鴨そば　1680円
【駐車場】約10台
女性好みの店。

愛知県知多市

樹《じゅ》庵《あん》

愛知県知多市大興寺長根 32-116
TEL.0562-55-0488
【休日】木
【営業時間】11時～14時、17時～20時
【メニュー】
ざるそば　840円（写真）
天ざるそば　2200円
鴨せいろ　1400円
山かけ（伊勢いも）　950円
かけそば　600円
【駐車場】あり

遠くから食べに来る客あり。

愛知県瀬戸市

百姓庵《ひゃくしょうあん》

愛知県瀬戸市石田町 292
TEL.0561-84-5218
【休日】日・祝
【営業時間】11 時～ 14 時 30 分、
17 時～ 20 時 45 分
【メニュー】
ざるそば　780 円
（大盛　930 円）
天ざるそば　1300 円（写真）
百姓庵御膳　1580 円
【駐車場】あり

定食、うどん、丼もあり、ゆっくりできる。

愛知県一宮市

竹《ちく》 馬《ば》

愛知県一宮市森本町 1-2-4
TEL.0586-72-6157
【休日】木
【営業時間】11 時～ 14 時
【メニュー】
ざるそば　800 円（写真）
天ざるそば松　1300 円
　　　　　竹　1600 円
かけそば　600 円
天ぷらそば　950 円
【駐車場】7 台

のど越しの良い手打ち細めん、量が多い。（うどん、味噌煮込みうどんもあり）

愛知県一宮市

楽《らく》瓷《じ》庵《あん》

愛知県一宮市浅井町河端流 24
TEL.0586-51-9119
【休日】月夜・火
【営業時間】11 時～ 14 時、
17 時～ 20 時
【メニュー】
楽瓷庵そばせいろ　840 円（写真）
田舎そば（一日 15 食）　840 円
天せいろそば　1580 円
楽じ庵そば（温）　840 円
天ぷらそば　1580 円
大樽御膳（お昼 20 食限定）　1680 円
【駐車場】20 台

ゆっくりできて、値打ちなそば屋さんです。

愛知県刈谷市

田《た》吉《きち》

愛知県刈谷市小垣江町斐巳改
193-1
TEL.0566-21-0141
【休日】月・火
【営業時間】11 時 15 分～ 14 時
【メニュー】
ざるそば　700 円（写真）
天もりざるそば　1050 円
磯おろしそば　800 円
天婦羅磯おろしそば　1000 円
天盛り磯おろしそば　1150 円
【駐車場】あり

7：3の機械打ちそば。主は元中学校長。

岐阜市

胡蝶庵仙波《こちょうあんせんば》

岐阜市日光町 3-26
TEL.058-232-6776
【休日】月
【営業時間】11 時～ 16 時
【メニュー】
ざる手挽き一枚　945 円（写真）
　　　　　二枚　1575 円
天ぷらざる蕎麦一枚　1575 円
かけ蕎麦　945 円
天ぷら蕎麦　1575 円
蕎麦三昧　3675 円
【駐車場】あり

つなぎなしの石臼挽き蕎麦、旨い。

岐阜県高山市

寿美久《すみきゅう》

岐阜県高山市有楽町 4
TEL.0577-32-0869
【休日】不定
【営業時間】11 時～ 20 時
【メニュー】
山菜ざるそば　1200 円（写真）
朴葉そば（ざる）　850 円
えびおろしそば　1700 円
田舎そば　1500 円
かけそば　850 円
【駐車場】なし

創業（昭和８年）78 年の飛騨そばの老舗。

岐阜県坂祝町

深萱《ふかがや》ふーど

岐阜県加茂郡坂祝町深萱 482
TEL.0574-23-0291
【休日】月・火
【営業時間】11 時 30 分～ 14 時、18 時～（要予約）
【メニュー】
もりのまんぷく膳　2625 円
お昼のあれこれ膳　1680 円
　もりもり膳（限定 5 食）
冷たいそば
　盛りそば　945 円（写真）
　粗挽き盛りそば　1155円（限定10食）
温かいそば　1575 円
【駐車場】あり
（データは 09 年 10 月現在）

【資料】玄そばの国内収穫量と輸入量（農林水産省統計表より）

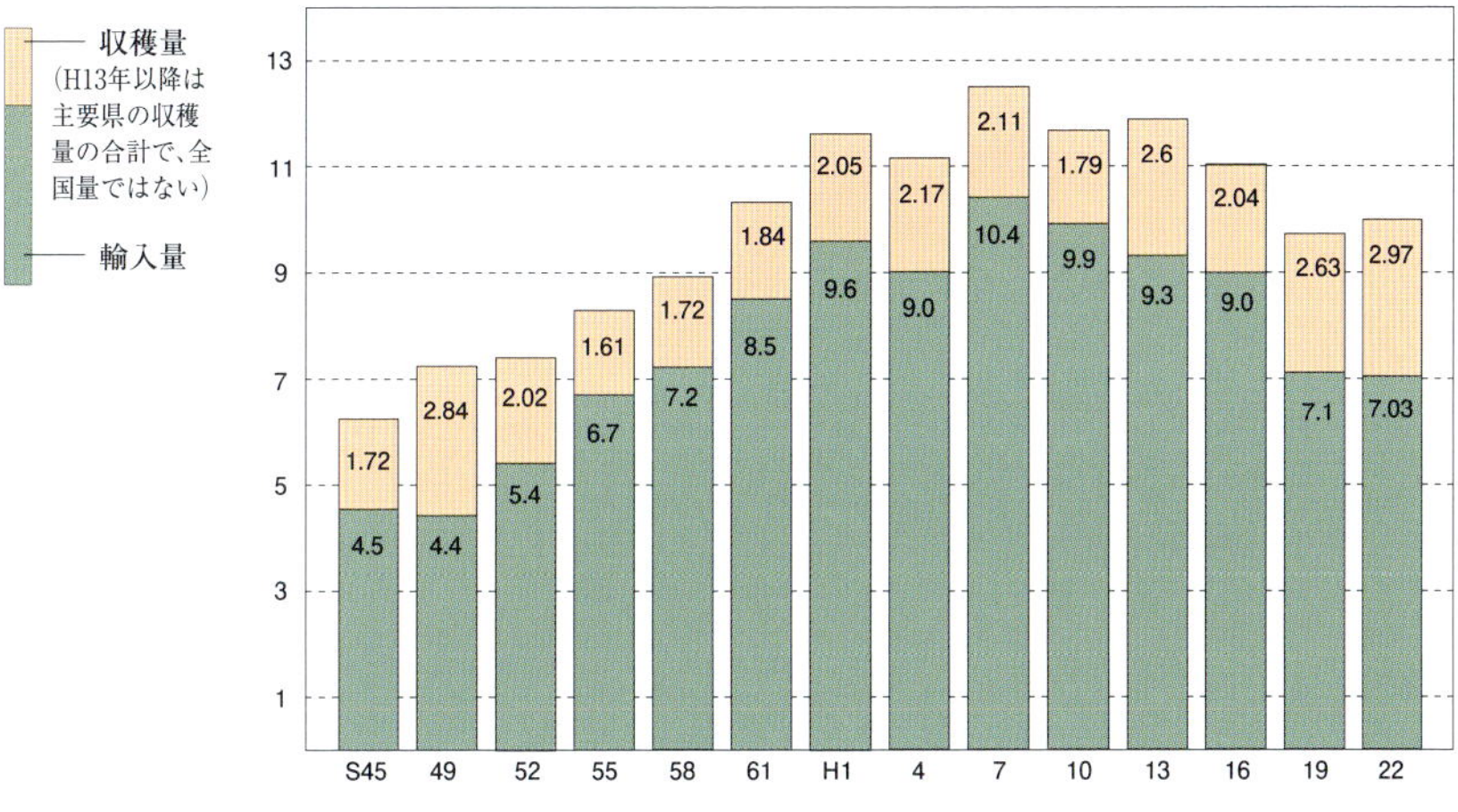

そば（玄そば）の輸入量は、昭和 40 年代から平成の初めまで年々増加したが、平成 7 年以降は頭打ちから減少気味。国産品が平成 13 年から増加したが、農業政策次第ではこれからも増加するとは限らない。平成 22 年の実績では、合計 10 万トンのうち 3 割の 3 万トンが国産品、7 割の 7 万トンが輸入品である。

わが蕎麦遍歴60年

戦後、食べ盛りの6人の子供を抱えた両親は、東京で飢えることを心配し、疎開先の新潟の赤倉から、水戸の郊外の茨城の田舎へ食料疎開した。確かに、中学生だった昭和24年頃は食べ物は貧しかった。お金はあっても米が買えない時期があった。学校給食のアメリカからのユニセフのスキムミルクでよく下痢をしたし、キューバの粗糖をやかんに溶かした色つきの砂糖液が茶碗に一杯が給食のこともあった。農家の同級生が弁当を開くと、真っ白いもちの間に納豆がいっぱい詰まっていて粘っていたのがなんともうらやましかったのを今でも思い出す。

水戸といえば「水戸黄門」の中で、梅干と納豆しかないと粗食を揶揄されたが、今では押しも押されぬ「健康食」で水戸光圀公は先見の明があった。納豆は海外生活の3年間を除いて今日まで50年以上毎朝の食事にほとんど欠かしたことはない。勿論水戸の極小粒である。食感が良い。

そばに目覚めたのは中学生の頃、水戸へ出ればそば屋へ直行し、たらふくそばを食べた。

昭和29年、水戸の高校から東京を素通りし、多摩川を越えて父の任地だった岐阜へ都落ちし、名古屋大学へ入学した。この年茨城県から入学したのはわずか二名だった。名古屋にきて先ず驚いたのは、みそ煮込みうどんであった。関東からきた人には不評で、生煮えだといって、煮直してもらったがまだ芯が残っていた。

昭和30年代の初めは、外食といえば中華そばとカレー・ライス（ビーフカレーは高かった）が一般的で、トンカツやてんぷらは高級品であった。そばはまだ安くてよく食べた。名古屋市内では、やぶ本店と丁字屋。特にやぶの旧国鉄名古屋駅の地下の出店のざるそばを、東京から来たそば通の友人は「東京のそばよりシャキッとしていて旨い」と絶賛した。この店も平成21年12月に閉店し今はない。

名古屋の煮込みうどんに馴染めない関東からの転勤族は、松坂屋本店の南にあった「名古屋やぶ」を勧められ、この店で目を細めてざるそばを食べた。大晦日ともなると「やぶ」の年越しそばを買って帰り、家で料理する姿が想像された。「やぶ」では大盛りがなく、二枚取ることになり、大食漢には不満だったがこれはずっと続いたようだ。残念ながらこの店も平成17年4月、後継者がなく明治36年から102年に及ぶ店を閉めた。そばは岐阜市内では「水車小屋」、豊橋市内では「東京庵」と決めていた。「水車小屋」は名神高速一宮ICの近くにも店を構え、松坂屋北館の地下で営業していたが、30年の長期契約が切れた平成18年、大須に移転し数年後に閉店した。

みそ煮込みうどん

名古屋やぶ　1994年

「水車小屋」は全て店を閉じた。

昭和43年、三重県津市の大学に職を得て、食品学の授業を担当することになった。当地はうどん文化圏で、当時津市では旨いそば屋には出会えなかった。昭和50年に旧上野市で「松尾」が開店したのが三重県でのそば専門店のはしりであった。この店はその後平成18年まで続いた。5年後の昭和55年に、松阪市に「ふじおか」が誕生し、学生らを連れてよく通った。自家製粉の十割の本格的手打ちそばを出していたが、9年後に長野の黒姫高原へ移転した。

この大学には停年まで31年間在籍した。その間、国内は勿論海外に出かけて、果実、魚、肉をはじめ清酒、豆腐、納豆などの加工食品や料理等の取材をし、カラースライドに収め食品学の授業に活用した。約25年間に集めた資料は2万枚に達した。

松阪市　ふじおか　1982年

この中に勿論そばも含まれている。そばの雑誌や本の全国のそば店のリストをたよりに、北は青森から南は島根まで、重いカメラを常に携帯しそば店とそば料理を撮影し、そばを味わった。いわば趣味を兼ねた取材であった。どこへ行っても必ずそばを探して食べた。遠くへ行ったときはそばの梯子を決め込んだ。幸いそばは4時間もすれば腹がへるので、開店と同時に店に入って食べ、市内見物をして時間をつぶし、夕方別の店で食べて帰るといった具合であった。

そのうち、そばの本場長野の戸隠へ泊りがけで出掛け、そばの手打ちを撮影した。資料を整理しているうちに、「これなら自分でも打てる」と思い込み、知り合いのそば店からそば粉を取り寄せ、

大川　博徳

自宅でそばを打ち家族や友人に食べてもらった。今でも手打ちそばは気分が乗れば自宅で打つ老後の趣味である。

かくして一回90分の授業では収まらないほどのそば打ちとそば料理のカラースライドが集まった。

昭和40年から60年にかけては、名古屋を中心に大抵のそば店へは足を運び知っていたが、平成に入って特に10年以降は雨後のタケノコのごとく、脱サラ組を中心に「そば専門店」が増え把握ができなくなった。その多くは十割そばを標榜する店である。それは、小型のそば製粉機の開発と機を一にするようである。十割そばは挽きたてのそば粉が必須条件である。さらに十割だとかなり高い値段が付けられるのも動機の一つであろう。

歳を取るにつれて、油っこい中華や洋食が苦手になったとき、格好の和食の一つがそばである。あっさりしているそばは毎日食べても飽きない。しかし、今日のそばの値段は高すぎると思う。しかもそばの量が少なすぎる。そばを高級品にし、ほんの少ししか出さない気取ったそば屋も困ったものである。腹いっぱいとはいわなくても、腹の足しになる量を出すべきなのです。このままでは、若者はラーメンは食べてもそばを食べなくなる。日本の食文化の代表ともいうべきそばの衰退を憂うものである。

【著者略歴】
大川　博徳（おおかわ　ひろのり）
1936年東京生まれ。名古屋大学農学部卒。同大大学院在学中に、チリー、サンタ・マリア工科大学へ２年間研究のため留学。博士課程単位取得満期退学。1968年、国立大学へ、助手、講師等をへて、1977年教授、1999年停年により退職。食品科学専攻。農学博士。1984年文部省在外研究員としてマイアミ大学へ出張。
主な著書：『食品学総論』（共著、建帛社）、『生活の恐怖』（KKベストセラーズ）、『そっと教えるひいきの店』（編著、風媒社）。
趣味：写真、料理、園芸、タンゴ音楽鑑賞。
名古屋市在住。

写真撮影●水野　鉱造
　　　　　大川　博徳

東海 こだわりの蕎麦処《そばどころ》

2011年9月22日　第1刷発行　　（定価はカバーに表示してあります）

著　者　　大川　博徳

発行者　　山口　章

発行所　名古屋市中区上前津 2-9-14　久野ビル
振替 00880-5-5616 電話 052-331-0008　風媒社
http://www.fubaisha.com/

乱丁・落丁本はお取り替えいたします。　＊印刷・製本／モリモト印刷
ISBN978-4-8331-0126-5